仕立ての差が出る
本格 トートバッグ

STUDIO TAC CREATIVE

ITEM. 1

ファスナートート
FASTENER TOTE BAG

P.6

作品制作の手引き

1. 本誌に掲載されている作品は全て、各パーツへ型紙に記載した指示通りに「漉き」を入れ、制作工程解説に含まれる「手漉き」を入れることで制作が可能となります。「漉き」は仕立ての工程と同様、へり返し部のコバを整然と整え、また革が重なる部分の厚みを抑えるために欠かせない重要な工程となるため、必ず指示通りに行なってください。

2. 本誌に掲載されている作品は全て、ファスナーや内装生地の縫製にミシンを使用します。部分的に革を合わせて縫い合わせるため、必ず充分なパワーと送り能力がある「工業用ミシン」または「職業用ミシン」を使用してください。

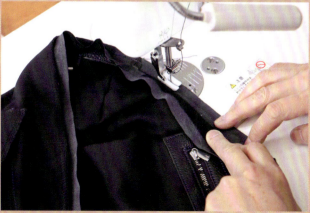

警告 CAUTION

- この本は、習熟者の知識や作業、技術をもとに、編集時に読者に役立つと判断した内容を記事として再構成し掲載しています。そのため、あらゆる人が作業を成功させることを保証するものではありません。よって、出版する当社、株式会社スタジオ タック クリエイティブおよび取材先各社では、作業の結果や安全性を一切保証できません。また、作業により、物的損害や傷害を受ける可能性があります。その作業上において発生した物的損害や傷害について、当社では一切の責任を負いかねます。すべての作業におけるリスクは、作業を行なうご本人に負っていただくことになりますので、充分にご注意ください。
- 掲載されている作品のデザインに関する著作権は、監修者に帰属しています。この本に掲載されている情報は、個人的、かつ非商用の範囲でご利用ください。
- 本書に掲載されている型紙の再配布、商用利用を禁じます。

ITEM. I

ファスナートート
FASTENER TOTE BAG

開口部にファスナーを設けた、シンプルなトートバッグ。材料革は、適度なコシがあるタンニン革またはクロム革、2.0mm厚前後を推奨。本作品は、クラフト社扱いの「カリーナ」1.8mm厚を使用。

Detail

本体の開口部に、本体の見付とは別にファスナー取り付け用の見付を設け、ファスナーを開いた状態でも閉じた状態でも、ファスナーが本体の内側に隠れる構造を採用。ファスナー取り付け用の見付の取り付け方は複雑になるが、この構造がファスナートートの利便性とデザイン性を高める。本体の内側には、スマートフォンや札入れが収まるくり抜きポケットと、小型のタブレットPC等が収まるファスナー付きポケットを設置している

本体の構造は、前後2枚の胴に底を合わせ、胴の両側面を縫い合わせて袋状にするベーシックな構造となる

ファスナーの長さを開口部より長くすることで、ファスナーを開いた際に開口部が大きく開き、物の出し入れがしやすくなる。ファスナーの余分は、写真のように開口部の外に出す他、見付の脇から本体の内側に収めることもできる

芯材を使用した底には、底鋲を設けることで傷付きを軽減。Dカンを留めるベルト状の根革は、内部に芯材を使用し、漉いた側面を丁寧にへり返すことでふっくらと仕立てている。持ち手のDカン接続部も、持ち手とは別に接続用の革を使用することで、強度とデザイン性を高めている

パーツ／革

巻末の型紙通りに裁断した本体を構成する革パーツ一式と、各パーツの床面、漉きを入れた箇所を以下に表します。

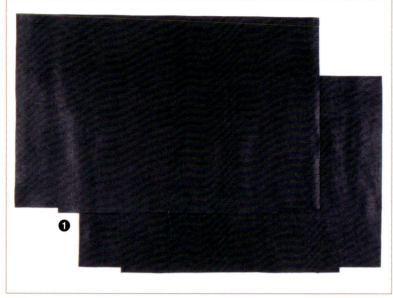

❶ 胴 × 2

❶ 胴：口元を除く辺10mm幅を1.5mm厚に斜め漉き。その後、口元の辺15mm幅を0.7mm厚に段漉き

❷ 底
❸ 見付表 × 2
❹ 見付裏 × 2

❷ 底：両短辺10mm幅を1.5mm厚に斜め漉き。その後、両長辺15mm幅を0.7mm厚に段漉き

❸ 見付表：最長辺を除く辺10mm幅を0.7mm厚に段漉き。その後、最長辺12mm幅を0.7mm厚に段漉き

❹ 見付裏：全面を1.0mm厚にベタ漉き。その後、全側面10mm幅を0.7mm厚に段漉き

ファスナートート

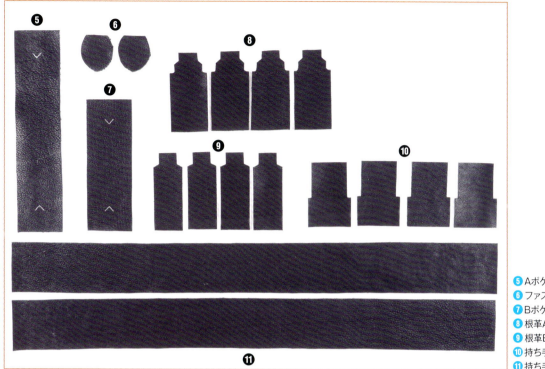

❺ Aポケット口
❻ ファスナー止め×2
❼ Bポケット口
❽ 根革A×4
❾ 根革B×4
❿ 持ち手A×4
⓫ 持ち手B×2

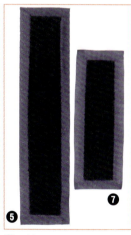

❺ Aポケット口
❼ Bポケット口

❻ ファスナー止め：全面を0.7mm厚にベタ漉き。その後、全側面から10mm幅を0.3mm厚に斜め漉き

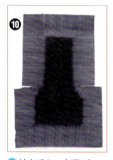

❿ 持ち手A：全辺12mm幅を0.7mm厚に段漉き

❽ 根革A／❾ 根革B：ベルト部10mm幅をゼロ漉き。その他の3辺12mm幅を0.7mm厚に段漉きした後、さらに5mm幅を0.2mm厚に斜め漉き

⓫ 持ち手B：全面を1.5mm厚にベタ漉き。長辺1辺のみ、10mm幅を0.7mm厚に段漉き

パーツ／芯材

各種の革パーツに合わせる芯材を以下に表します。一部の芯材は革パーツと同様、部分的に漉きを入れます。

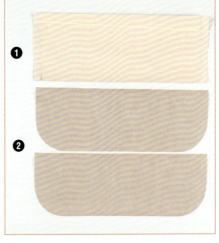

❶ 底芯：
　ボンテックス／0.6mm厚
❷ 胴芯×2：
　バイリーン／0.6mm厚

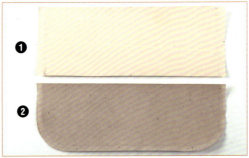

❶ 底芯：両短辺10mm幅を0.3mm厚に斜め漉き
❷ 胴芯：長辺を除く側面、10mm幅を0.5mm厚に段漉き

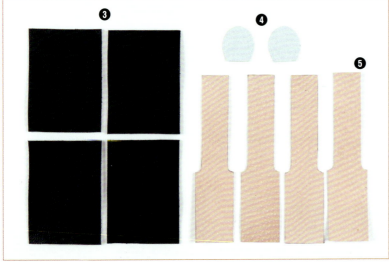

❸ 根革裏あて×4
❹ ファスナー止め芯×2：接着芯
❺ 根革芯×4：豚床革／1.0mm厚

❸ 根革裏あて：全面を1.0mm厚にベタ漉き。その後、全側面10mm幅を先端ゼロで斜め漉き

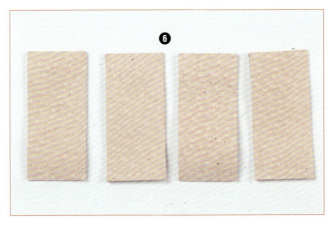

❻ 持ち手A芯×4：豚床革／1.0mm厚

パーツ／内装（生地）

内装を構成する各胴の裏地と、裏地に設ける2つのポケットには、一般的な裏地用の生地を使用します。

❶ 胴×2
❷ Bポケット
❸ Aポケット

パーツ／ファスナー

本体の口元と内装ポケットの開口部に、ファスナーを使用します。寸法の調整方法はp.13〜で解説します。

❶ 内装ファスナー（3号）
❷ 見付ファスナー（5号）
❸ スライダー（5号）
❹ 下止（5号）
❺ 下止（3号）
❻ 上止（3号）
❼ 上止（5号）
❽ スライダー（3号）

パーツ／副資材

本作品の制作に使用する、各種の金具や芯材を以下に表します。金具類は、該当するサイズの物を用意してください。

Dカン×4

持ち手を接続する金具。持ち手と根革の幅に該当する、内幅25mmのDカンを用意する。本作品では、内側の高さ25mmのDカンを使用

底 鋲×5セット

バッグを床置きした際、本体の底と床の間で緩衝材となり、汚れや傷の付着を防止する金具。本作品では直径14mmの底鋲を使用している

ペフ×7枚

底鋲とマグネットホック取付部の補強に使用する、軽量で弾力性のある発泡体の接着芯。直径30mm程の円に切り出して（抜いて）使用する

使用する工具

全て、別の工具でも代用できます。ハトメ抜きやカシメ打ち等の打ち具は、使用する金具との適合を確認してください。

- 革包丁
- ビニール板
- のりベラ（ジラコヘラ）
- ハサミ
- モデラ
- 銀ペン
- ボールペン
- 定規
- 紙ヤスリ100番
- 金槌
- 木槌
- 打ち台（ゴム板）
- コルク板（突き目用）
- メタルプレート（金具用打ち台）
- 丸ギリ（目打）
- ネジ捻／ディバイダー（縫い線引き用）
- 菱目打（2本目・複数目）
- 菱ギリ（細）
- ハトメ抜き10号（Φ3.0mm）
- 銀ペン消しゴム
- クリップ（複数個）
- クイキリ（ファスナー用）
- ライター
- ガラス板（手漉き用）
- 手縫い針（5本）
- 糸切りバサミ
- エンマヤットコ
- 手袋

使用する資材

上記各種工具の他、縫製部の仮留め時に各種接着剤と両面テープ、各パーツの補強用に補強テープ等を用います。

- ほつれ止め液（内装生地用）
- 補強テープ 15mm幅
- 補強テープ 18mm幅
- 補強テープ 20mm幅
- スリーダイン（天然ゴム系接着剤）
- Tボンド（合成ゴム系接着剤・高強度）
- サイビノール100（水性系接着剤）
- サイビノール600（水性系接着剤）
- ビニモ（縫製用・色と太さは好みで）
- 両面テープ 3mm幅
- 両面テープ 5mm幅
- 両面テープ 7mm幅

ファスナートート

ファスナーの下準備

ファスナーを切り出し、スライダー、上止、下止を組み合わせて使用寸法に調整する。

01 見付に付ける7号ファスナーを、上止〜下止間430mmに調整する。上止と下止の先に20mmずつ余分を設けるため、470mm（430+20+20）で切り出す。ファスナーテープの端から470mmの位置（両側面）に印を付け、務歯（エレメント）を避けてテープを裁断する

02 テープの端がほつれないよう、ライターの火で炙って焼き留める（※テープの素材が化織の場合のみ）

CHECK 上止と下止を付ける前に、ファスナーの上下を確認。スライダーを合わせて開閉し、務歯を閉じ切った先が上、開き切った先が下となる（務歯の頭の向きでも確認可能・左写真参照）。本作品は、どちらからも開閉できる「頭合わせ」のファスナー（右写真）を使用している

03 下止側のテープの端から、20mmの位置（両側面）に印を付ける

04 03で付けた印の内側（上止側）に、写真のように下止を合わせ、下止の取付位置を確認。下止の内側の端と接する務歯に印を付ける

05 務歯を開き、04で付けた印までの務歯を取り外す。ファスナーテープを切らないように注意し、クイキリで1つずつ務歯を切断して取り外す。切断した務歯が飛び散るため、この作業は透明なビニール袋の中で進めるとよい

06 04で印を付けた務歯に下止を仮合わせし、下止の端に定規の430mmの目盛り位置を合わせる

ファスナーの下準備

07 06の状態でファスナーをまっすぐに伸ばし、定規の目盛りが0の位置に印を付ける。付けた印の内側(下止側)に上止を合わせ、上止の取付位置を確認。上止の内側の端とぴったり接する方の務歯に印を付け、付けた印までの務歯を取り外す

08 下止側からスライダーを通す

09 下止が固定する際に動いてしまわないよう、テープに引っ掛かる程度まで、平ヤットコで軽く潰しておく

10 下止を06の仮合わせ時と同様に合わせ、金槌で叩いて潰し、テープに固定する。金槌で叩く際は、下に金属の打ち台を置く

11 下止と同様、上止も平ヤットコで軽く潰し、テープに引っ掛かるようにしておく

12 07で印を付けた務歯に上止を合わせ、金槌で叩いて固定する。次に、先に固定した上止と端を揃え、残りの上止を固定する(右写真のように、後から固定する上止は務歯と接しない)

見付に付ける7号ファスナーの長さ調整を終えたら、同じ要領で内装に合わせる3号ファスナーを、上止と下止間200mmに調整する

13

ファスナートート

内装を仕立てる

内装生地にほつれ止めの処理を施した後、各胴にポケットを設置し、胴の両側面と底を縫い合わせて内装を完成させる。

生地の下処理

01 内装を仕立てる前に、生地の端がほつれないようにほつれ止めをする。ロックミシンがある場合は、生地の端全てをロックミシンでかがり縫いする（※ほつれ止め加工が施された生地やほつれにくい生地を使用する場合は、この工程は不要）

CHECK

ロックミシンが無い場合は、市販のほつれ止め液やサイビノール100を塗ってほつれ止めをする

各胴（内装）にポケットの開口部を設ける

02 各胴（内装）の裏に型紙を合わせ、各（AとB）ポケト口の両端の「>」「<」印を写す。印の先端をつなぐ直線を引く

03 02で引いた線を裁断する

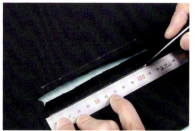

04 「>」「<」印の線をハサミで裁断する

05 胴を表にして、**03**の切り口から12mmの位置に、適度に間隔を空けて数ヵ所に印を付ける。付けた印を定規でつなぎ、切り口の上下に切り口と平行な線を引く

内装を仕立てる

06 切り口を05で引いた線に合わせてへり返し、折りグセを付ける

07 05で引いた線から切り口に向けてスリーダインを塗り、06で付けた折りグセ通りにへり返して貼り合わせる。両端の三角形の部分にもスリーダインを塗り、へり返して貼り合わせる。へり返した右写真の面にポケット口を付けるので、生地の表裏を間違えないように注意する

ポケットの制作

08 Bポケットの短辺、端から14mmの位置に短辺と平行な線を引く

09 08で引いた線から端に向け、スリーダインを塗る

10 短辺の端を09で引いた線に合わせ、7mm幅をへり返して貼り合わせる

11 へり返した端を型紙の「へり返し線」に合わせ、両側面に「折り返し位置」の印を付ける。へり返した端を表にして、付けた印をつないで折る

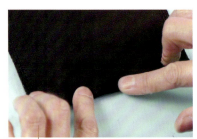

12 11で折った箇所に折りグセを付ける。この折りグセがBポケットの底となる

13 へり返した端から10mm下の両側面に印を付ける

14 13で付けた印から底に向け、両側面を縫い代7mmで縫い合わせる

15 08〜10と同じ要領で、Aポケットの短辺、端から14mmをへり返して貼り合わせる

16 11〜13と同じ要領で、Aポケットの底に折りグセを付け、へり返した端から10mm下の両側面に印を付ける

17 16で付けた印から底に向け、両側面を縫い代7mmで縫い合わせる

ライターの火で、縫い終わりの糸を熔かして始末する

18

CHECK

片方の短辺をへり返し、型紙の印に合わせて底を折り、両側面を縫い合わせて袋状にしたAポケットとBポケット。へり返した端を必ず、口元の表にする

各ポケット口の制作

19 AポケットロとBポケットロとも、全く同じ工程で制作する。02〜04の胴（内装）と同じ要領で、各ポケット口のギン面に型紙を合わせてポケット口両端の「＞」「＜」印を写し、印の先端をつなぐ直線を引いた後、引いた線と「＞」「＜」印の線を裁断する

20 胴（内装）と同様に切り口をへり返す前に、切り口を開いて床面を漉く

内装を仕立てる

21 切り口を大きく開いて漉き機に通し、切り口の全周囲10mm幅を0.7mm厚（前後）にへり漉きする

21で切り口の全周囲を漉いた、AポケットロとBポケット口の床面の状態。この後、漉きを入れた各部をへり返す

22 各ポケット口の床面、切り口から12mmの位置に、適度に間隔を空けて数ヵ所に印を付ける。付けた印を定規でつなぎ、切り口と平行な線を引く

23 22で引いた線から、切り口に向けてスリーダインを塗る

24 切り口を22で引いた線に合わせ、へり返して貼り合わせる。両側面の三角形の部分も、へり返して貼り合わせる

25 各ポケット口の床面、各側面から14mmの位置に、適度に間隔を空けて数ヵ所に印を付ける。付けた印を定規でつなぎ、各側面と平行な線を引く

26 25で引いた各線から、側面に向けてスリーダインを塗る。各側面の端を線に合わせ、7mm幅をへり返して貼り合わせる

27 革が余る各角は、革を起こした状態で写真のように貼り合わせる

ファスナートート

28 起こした状態で貼り合わせた革の余分を、角の部分を僅かに残して裁ち落とす。裁ち落とした角をモデラで直角に整え、へり返した革を平滑に均す

中心を切り開き、切り口の周囲と全側面をへり返して完成させたAポケット口とBポケット口。ポケット口は表面全てが内装の表に出るため、へり返す端を丁寧に整える

各胴(内装)にポケット口とポケットを取り付ける

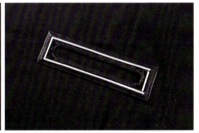

29 Bポケットの取り付け工程から解説する。Bポケット口の裏、「口の字」の幅の中心に3mm幅の両面テープを右写真のように貼る

30 29で貼った両面テープの剥離紙を剥がし、各開口部のラインを揃えて対応する胴(Bポケット口)に仮留めする

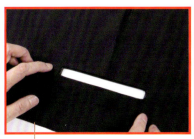

31 胴を裏返し、ポケット口のラインのずれを確認。ずれている場合は修正する

32 仮留めしたBポケット口の四角、頂点から2.5mmの位置に銀ペンで印を付け、付けた印をつないでポケット口の外側を1周「口の字」に縫う

内装を仕立てる

胴にBポケット口を仮留めし、外側を1周「口の字」に縫い合わせた状態。印を付けた何れかの角を縫い始めとし、縫い終わりで2～3目返し縫いして糸を始末する

33 Bポケットの裏、口元から10mm程の位置に5mm幅の両面テープを貼り、剥離紙を剥がす

34 口元を裏に折り返して貼り合わせ、表の口元の裏を表出させる

35 胴の裏、Bポケット口の下側のステッチの上に7mm幅の両面テープを貼り、剥離紙を剥がす

36 Bポケットの表の口元を、**35**で貼った両面テープに合わせて仮留めする。Bポケット口両端のステッチの間に均等に収め、口元の端と開口部のラインを揃えて仮留めする

37 Bポケット口の開口部下側の両角から、2.5mmの位置に銀ペンで印を付ける

38 **37**で付けた印間を縫う。縫い始めと縫い終わりを2～3目返し縫いする

39 **33**と**35**で貼った、仮留めの両面テープを剥がす

ファスナートート

40 Bポケットの表の上端に5mm幅の両面テープを貼り、Bポケット口の上側のステッチの下に貼り合わせて仮留めする

41 Bポケット口の開口部、残りの3辺を縫い代2.5mmで縫い合わせる

41のステッチを裏から見た状態。Bポケットを縫い合わせる順序を誤ると、開口部を塞いでしまうので注意する

42 40で貼った仮留めの両面テープを剥がし、Bポケット口に銀ペンで付けた各印を消す。以上で、Bポケットの取り付けは終了となる

43 内装ファスナーの両側面に、3mm幅の両面テープを貼る

44 両面テープの剥離紙を順に剥がし、Aポケット口を重ねて仮留めする。ファスナーの上止と下止を開口部の両端に合わせ、ファスナーテープの織り目が変わるラインに開口部の長側面を揃えて貼った後、スライダーが干渉せずに動くことを確認する

45 Aポケット口の裏、「口の字」の幅の中心に3mm幅の両面テープを貼り、片方の長側面の剥離紙を剥がす。スライダーが表の左側に来るように胴を重ね、ファスナーテープの織り目が変わるラインに開口部のラインを揃えて仮留めする

46 残りの3側面の剥離紙を剥がす

内装を仕立てる

47 | 45と同様に仮留めし、スライダーを動かして胴の開口部に干渉しないことを確認する

48 | 32と同様、仮留めしたAポケット口の四角、頂点から2.5mmの位置に銀ペンで印を付け、付けた印をつないでポケット口の外側を1周「口の字」に縫う

49 | 33〜34と同様、Aポケットの裏に5mm幅の両面テープを貼り、口元を裏に折り返して貼り合わせる

50 | 35〜36と同様に、BポケットをBポケット口両端のステッチの間に均等に収め、口元の端と開口部のラインを揃えて仮留めする

51 | 37〜38と同様に、開口部下側の両角間を縫い合わせる

52 | 49〜50で貼った両面テープを剥がした後、40と同様にAポケットの表の上端を、Aポケット口の上側のステッチの下に貼り合わせて仮留めする

53 | Aポケット口の開口部、残りの3辺を縫い代2.5mmで縫い合わせる

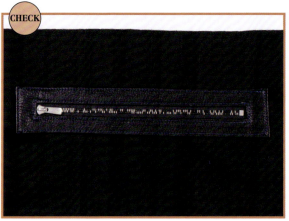

CHECK

Aポケットを胴に取り付けた状態。ポケットを取り付ける工程は、直前のBポケット取り付け工程と変わらず、ポケット口へ先にファスナーを取り付ける工程のみが異なる。好みによって両方にファスナーを取り付けたり、両方ともファスナー無しに変更するといったアレンジも可能

胴（内装）の両側面を縫い合わせる

54 各胴（内装）を中表でぴったり合わせ、両側面を縫い代7mmで縫い合わせる

55 底を縫い代7mmで縫い合わせる

56 底の両端を開き、縫い代を割って揃え、クリップで仮留めする

各胴にポケットを取り付け、中表で両側面と底を縫い合わせて袋状に仕立てた内装。後にファスナー付きの見付を合わせ、最後に本体の内部へ収める

57 仮留めした底の両端を、縫い代7mmで縫い合わせる

根革の制作と取り付け

1つの芯材に2枚の革を合わせた根革ベースを制作し、これにDカンを取り付けた後、各胴の表面に取り付ける。

根革ベースの制作

01 根革Bの床面に、「合わせ位置B」を揃えて根革芯の型紙を合わせる。型紙を合わせた状態で型紙の側面をトレースし、根革芯の糊代の目安線を引く

02 根革芯の四角(左写真の赤○位置)を貼り合わせる箇所を0.5mm厚前後に漉き、根革芯のベルト部((左写真の青○位置・Dカンを通す箇所)を貼り合わせる箇所を先端ゼロに漉く。漉きが甘いとDカンを通せなくなるので、確実に漉いておく(次の根革Aも同様)

01で引いた目安線を参照し、02で表した各箇所を写真のように漉く

03 根革Aの床面に、「合わせ位置A」を揃えて根革芯の型紙を合わせる。型紙を合わせた状態で型紙の側面をトレースし、根革芯の糊代の目安線を引く

04 02と同様、03で引いた目安線を参照し、根革芯の四角を貼り合わせる箇所を0.5mm厚前後に漉く

05 根革芯のベルト部に沿い、18mm幅の補強テープを端から端まで貼り合わせる。片側の端に沿わせて貼り合わせたら、反対側にも同様に補強テープを貼る

根革芯に補強テープを貼った状態。中央部は補強テープを重ねて貼る

ファスナートート

06 根革Bの床面へ**01**と同様に根革芯の型紙を合わせ、**02**の漉きで消えた根革芯の糊代の目安線を引き直す

07 根革芯の補強テープを貼った面を表にし、根革Bの糊代の目安線にぴったり合わせる。双方を合わせた状態のまま返し、根革芯の根革Bのベルト部の端に、糊代の目安となる印を付ける（右写真）

08 **06**と**07**で表した糊代の範囲内に、スリーダインを薄く2回塗り重ねる

09 ベルト部の反対側、幅が広い側面から根革芯を貼り合わせる（写真参照）

10 ベルト部を貼る際にベルト芯を軽く曲げ、ベルト部に折りグセを付ける

11 根革芯の側面（コバ）及び、根革Bをへり返す接着面にスリーダインを塗る。へり返して貼り合わせた後に側面が浮かないよう、根革芯の側面にもボンドを確実に塗る

12 根革Bのベルト部の付け根、凹曲部にいくつかの切り込みを入れる。へり返した後に切り込みが表出しないよう、芯の側面と接する箇所の手前まで切り込みを入れる

13 へり返す革を起こし、根革芯の側面にモデラで圧着して貼り合わせる

根革の制作と取り付け

14 直線部をへり返して貼り合わせ、各角に余る革を起こした状態で貼り合わせる

15 起こした状態で貼り合わせた革の余分を、角の部分を僅かに残して裁ち落とす

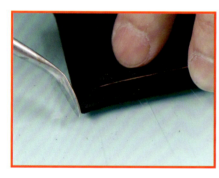

僅かに残した角の部分や凹曲部にモデラをあて、芯側へ収めると同時に、各角や側面を整える

16

CHECK

根革Bに根革芯を貼り合わせ、根革Bの側面をへり返して貼り合わせた状態。へり返した側面は、完成後に全て表に出て見えるので、へり返す際に丁寧に整える

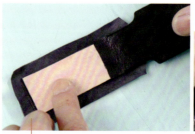

17 根革Aの床面へ03と同様に根革芯の型紙を合わせ、04の漉きで消えた根革芯の糊代の目安線を引き直す

18 根革芯の補強テープを貼っていない面を表にし、ベルト部を根革Aの糊代の目安線にびったり合わせる。双方を合わせたまま返し、根革芯の根革Aのベルト部の端に、糊代の目安となる印を付ける（右写真）

ファスナートート

19 | 18の状態のまま、根革Aのベルト部をへり返して貼り合わせる箇所(根革Bのギン面)に、糊代の目安線を引く

20 | 18で付けた印からベルト部までの範囲のギン面(根革Bのへり返し部)と、19で引いた目安線の外側を紙ヤスリで荒らし、接着面を設ける

21 | 根革Bの裏、14〜16でへり返した革の端から2mm内側(胴に仮留めする際の接着面)も紙ヤスリで荒らしておく

22 | 17〜20で表した各接着面に、スリーダインを薄く2回塗り重ねる

23 | 根革芯のベルト部先端から先に貼り合わせ、ベルト芯の付け根を軽く曲げ、ベルト部付け根のDカンを収める部分に折りグセを付ける

24 | 根革芯の側面及び、根革Aをへり返す接着面にスリーダインを塗る

25 | 13と同様、根革Aの側面を起こして根革芯の側面に貼り合わせる。続けて14〜15と同様、直線部へり返して貼り合わせ、ベルト部先端の角に余る革を起こした状態で貼り合わせる

26 | 起こして貼り合わせた革を裁ち落とし、角と側面をモデラで整える

根革の制作と取り付け

根革Bと根革Aへ順に根革芯を貼り合わせ、側面をへり返して完成させた根革。幅狭のベルト部にDカンを通し、ベルト部を折り返して幅広部に重ねる構造の根革となる。以降、ベルト部と幅広部とも、ギン面側を表とする

根革にDカンを合わせる

27 根革のベルト部を表にし、ベルト部の付け根に根革芯の型紙の「合わせ位置A」を揃え、「縫い穴A」の印を銀ペンで写す

28 ベルト部の先端を経由して「縫い穴A」の各印位置の外側を結ぶ、2.5mm幅の縫い線（コの字の縫い線）を引く

29 根革の幅広部を表にし、ベルト部の付け根に根革芯の型紙の「合わせ位置A」を揃え、「縫い穴B」の印を銀ペンで写す

30 根革の幅広部の側面、「縫い穴B」の各印位置の外側に2.5mm幅の縫い線（コの字の縫い線）を引く

31 29で付けた4つの印の2〜3mm内側に銀ペンで印を付け、各印を結ぶ線を引く（右写真）。線が描く枠の内側は、ベルト部を貼り合わせる範囲となる

32 31で描いた枠の内側を紙ヤスリで荒らし、ベルト部の糊代を設ける

ファスナートート

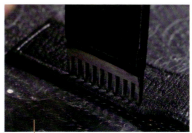

33 根革のベルト部裏の両側面、ベルト部の先端から50mmの位置に銀ペンで印を付ける。ベルト部裏のへり返した革のギン面、端から2〜3mm内側を紙ヤスリで荒らす

34 28で引いた縫い線上に、間隔を調整して菱目打で跡を付ける(刃先が僅かに裏へ出る程度に貫通させる)

35 ベルト部先端の両角は、丸ギリで縫い穴をあける

36 ベルト部の裏に7mm幅の両面テープを貼り、剥離紙を剥がす。ベルト部を折り返し、先端の両角と付け根側の側面を29で付けた4つの印に合わせ、仮留めする。この時は、4つの印位置はあくまでも目安とし、ベルト部を幅広部の中心にバランスよく収めて仮留めする

37 34〜35で付けた跡を辿り、丸ギリを軽く突いて幅広部のギン面に跡を付ける

38 37で付けた跡を辿り、菱目打で跡を付ける

39 34〜35及び、38で付けた菱目打の跡を菱ギリで突き、縫い穴をあける

40 32で荒らしたベルト部の糊代に、スリーダインを塗る

根革の制作と取り付け

41 | 33で荒らしたベルト部裏の糊代及び、根革芯の床面にスリーダインを塗る

42 | ベルト部にDカンを通し、折りグセを付けた箇所に収める

43 | 36で仮留めした時と同様に、ベルト部を折り返して貼り合わせる。この時、39であけた縫い穴の四角に手縫い針を通し、ベルト部と幅広部の四角の縫い穴位置を揃える

44 | 四角の縫い穴位置を揃えて貼り合わせたら、針を抜いて接着面を圧着する

45 | Dカン側の端から4つ目の縫い穴を縫い始めとし、Dカン側の端まで縫い進める。Dカン側の端で縫う方向を変え、Dカン側の3目を重ねる

46 | 反対側のDカン側の端まで縫い進める

47 | 2目戻って重ね縫いし、3目目を作る表の針のみを裏に通す

48 | 根革の裏で、2本の糸を2回結んで始末する。各結び目を締める直前、結び目にサイビノール600を塗る。糸の付け根を10mm程残してカットし、サイビノールの硬化を待つ

CHECK

ファスナートート

Dカンを収め、ベルト部を折り返して幅広部に縫い合わせた根革

49 30で引いた縫い線上、根革の底側の両角に丸ギリで縫い穴をあける（※29で写した印ではなく、縫い線上にあける）

50 49であけた穴に菱目打の端の刃をあて、縫い線上に縫い穴のアタリ（穴あけの目安となる跡）を付ける。菱目打をずらし、アタリを目安にDカン側まで縫い穴をあける

51 底側の側面も同様、両角の穴を避けて縫い穴をあける

菱目打を打つことで底側の角が膨らむ（形が崩れる）ため、モデラで形を整える

52

53 50〜51であけた縫い穴を避け、48で残した糸の付け根上に補強テープを貼る

各胴に根革を取り付ける

各胴の床面に胴の型紙を合わせ、口元と底の中心に印を付ける

54

55 胴の床面に、口元の中心を揃えて「根革裏あて位置」の型紙を合わせ、凹んだ側面（3辺）を銀ペンでトレースする

根革の制作と取り付け

56 凹みの下側（コの字の開口部）を定規でつなぎ、銀ペンで線を引く

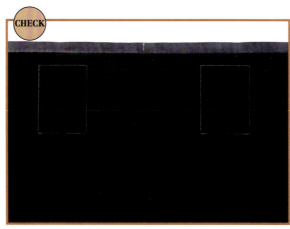

55〜56の工程で、胴の床面に2つの枠を描き表す。この枠は根革を取り付ける箇所の真裏にあたり、根革取付部を補強するための「裏あて」を貼り合わせる

57 根革裏あての床面、漉きによる段差（内側の漉き際）を手漉きでなだらかに整える

表から触り、段差を感じない程度に漉く。漉き過ぎると補強の効果が薄れるため、段差を無くす程度に留める

58 根革裏あての床面と、55〜56で描き表した2つの枠の内側にスリーダインを塗る

59 枠内に根革裏当てを貼り合わせる

 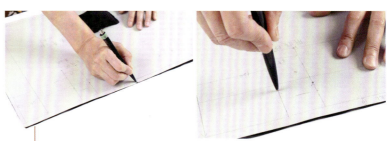

60 貼り合わせた根革裏当てを、胴の表と裏から押さえて圧着する

61 各胴のギン面に胴の型紙を合わせ、口元と底の中心、根革取付位置（8ヵ所）に印を付ける

ファスナートート

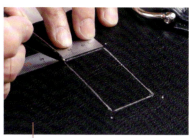

62 根革の四角を根革取付位置の各印に合わせ、位置を確認する。ズレが生じている場合は、底側の2点に合わせて位置を修正し、修正した箇所の印を付け直す

63 各印の5mm内側に印を付け、印をつなぐ線を引いて枠を描き表す

64 63で描き表した枠の内側を、紙ヤスリで荒らす

65 根革の裏に7mm幅の両面テープを貼り、剥離紙を剥がす。62と同様に胴へ合わせ、根革を仮留めする

66 50〜51であけた縫い穴を辿り、丸ギリを軽く突いて胴のギン面に跡を付ける

67 仮留めした根革を取り外す。66で付けた跡を辿り、菱目打で跡を付ける

68 38で付けた菱目打の跡を菱ギリで突き、縫い穴をあける

69 64で荒らした枠の範囲内に、スリーダインを塗る

根革の制作と取り付け

70 21で荒らした接着面に、スリーダインを塗る

71 根革の四角の縫い穴に手縫い針を通す。胴にあけた縫い穴の四角の縫い穴に各針を通し、それぞれの縫い穴の位置を揃えて貼り合わせる

72 45と同様、Dカン側の端から4つ目の縫い穴を縫い始めとし、Dカン側の端まで縫い進める。Dカン側の端で縫う方向を変え、Dカン側の3目を重ねる

73 反対側のDカン側の端まで縫い進めた後、2目戻って重ね縫いし、3目目を作る表の針のみを裏に通す

74 胴の裏で2本の糸を2回結んで始末する。各結び目を締める直前、結び目にサイビノール600を塗る。糸の付け根を10mm程残してカットし、サイビノールが硬化した後、残した糸の上に補強テープを貼る

75 銀ペンで付けた各印が表出している場合は、銀ペン消しゴムで消す

CHECK

胴に根革を取り付けた状態。ステッチを入れることで芯材の膨らみが強調され、根革の存在感が高まる

76 残りの根革も同様に取り付ける。ネジ式のDカンを用いる場合は、見栄えが良くなるよう、ネジの頭を外側に揃える

見付の制作

表と裏、2枚の革でファスナーを挟む構造の見付を制作する。工程が複雑なため、手順を確実に理解した上で進めてほしい。

見付表と見付裏の下準備

01 各見付（見付表と見付裏）の床面に各型紙を合わせ、長辺（最も長い側面）の中心に印を付ける。見付表と見付裏のギン面にも、同様にして長辺の中心に印を付ける

02 見付裏の床面、長辺から7mmの位置に、適度に間隔を空けて数ヵ所に印を付ける。付けた印を定規でつなぎ、長辺と平行な線を引く

03 見付裏の両端から30mmの位置、両側面に印を付ける

04 03で付けた印の内側、長方形に欠けている辺から14mmの位置に印を付ける（左写真）。凸型の上辺に該当する辺（02で平行線を引いた長辺の反対側の辺）から14mmの位置に、適度に間隔を空けて数ヵ所に印を付ける（右写真）

05 04で付けた印を定規でつなぎ、各基準とした辺と平行な線を引く

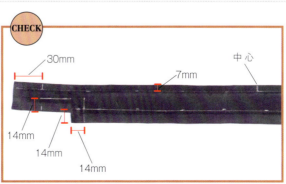

06 写真の角から14mmの位置に印を付け、04で引いた線と交差する線を引く

CHECK ここまでの工程で付けた印及び、引いた線と数値を表した、見付裏の片端。反対側の端も同じ状態となる

見付の制作

07 見付表の床面にも、02以外の工程を同様に施す（写真内の上は見付裏、下は見付表。見付表は、長辺から7mm位置の平行線を引かない）。以降の08～14まで、ファスナーと合わせる辺をへり返す工程は、見付表と見付裏とも共通

08 各見付のギン面に各型紙を合わせ、長方形に欠けている箇所の角の切り込みの端に、丸ギリを突いて印を付ける

09 長方形に欠けている箇所の角と08で付けた印をつなぎ、型紙同様の切り込みを入れる

10 04～06で引いた線の外側に、スリーダインを塗る

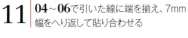

11 04～06で引いた線に端を揃え、7mm幅をへり返して貼り合わせる

12 長方形に欠けている箇所の角は、余分な革を起こした状態で貼り合わせ、直角に整える

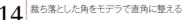

13 起こして貼り合わせた革の余分を、角の部分を僅かに残して裁ち落とす

14 裁ち落とした角をモデラで直角に整える

ファスナートート

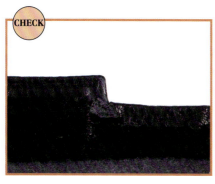

14で整える角は、本体の口元のファスナーと合わせる辺の両端にあたる。本体を完成させた後、常に表出する部分なので、丁寧に形を整えておく

15 各見付を、中心を揃えて各型紙に合わせる。両端の寸法を確認し、型紙からはみ出す箇所がある場合は、その境目に印を付ける（※使用する革の種類により、へり返す際に革が伸び、寸法に誤差が生じる場合があるため）

16 寸法に誤差が生じていた場合は、**15**で付けた印位置で余分を裁断する

ファスナー止めの制作

17 ファスナー止めの床面の中心に、ファスナー止め芯の型紙を合わせる。型紙の全周囲をトレースし、ファスナー止めの糊代を描き表す

18 **17**で描き表した糊代に、ファスナー止め芯を貼り合わせる（接着芯以外を使用する場合は、接着剤を用いる）

19 ファスナー止めの側面をへり返し、へり返した端が接するファスナー止め芯の上、数ヵ所に印を付ける。付けた印を右写真のようにつなぎ、糊代の目安線を引く

20 **19**で引いた目安線の外側に、スリーダインを塗る

見付の制作

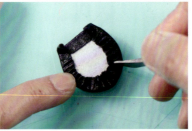

21 直線部と緩やかな曲線部の革を芯に貼り合わせ、剣先部と2ヵ所の角は起こした革を貼り合わせる。芯に貼り合わせた革は、モデラの先で寄せたヒダを潰して平滑に整える

22 起こした状態で貼り合わせた革の余分を、角の部分を僅かに残して裁ち落とす

23 僅かに残した角の部分にモデラをあて、芯側へ収めると同時に、角を柔らかな丸みを帯びた形に整える

同じ手順を繰り返し、芯を貼り合わせて側面をへり返したファスナー止めを2枚作る。この2枚でファスナーテープを挟むため、裏面は可能な限り平滑に整えて厚みを抑える
24

25 各ファスナー止めのギン面、全側面に2.5mm幅の縫い線を引く

26 縫い線を引いたファスナー止めのギン面に、「ファスナー止め穴位置」の型紙を合わせる。3ヵ所の穴位置を丸ギリで付いて印を付け、付けた印の位置に丸ギリで縫い穴をあける

27 **26**で付けた印の間に、間隔を調整して2本目の菱目打で跡を付ける。付けた跡を菱ギリで突き、縫い穴をあける

28 各ファスナー止めを中表でぴったり合わせ、**27**であけた縫い穴の中心を丸ギリで突き、縫い穴の位置を軽く写す。付けた丸ギリの跡を参照し（印を縫い穴をあける位置の目安とする）、残りのファスナー止めに引いた縫い線上に、菱目打と丸ギリで縫い穴をあける

ファスナーにファスナー止めを取り付ける

29 上止側のファスナーテープの表面、スライダーからテープの端までの範囲にTボンドを塗る。同じ位置を裏返し、上止を中心に側面へ向け、右写真の三角形の範囲にもTボンドを塗る

30 上止側のファスナーテープの表面を、写真のように折り返して貼り合わせる

31 30で貼り合わせたテープを、写真のように裏へ折り返して貼り合わせる

32 ファスナーテープの側面に出た余分を裁ち落とし、裁ち落とした端をライターの火で炙り、軽く熔かしてほつれ止めをする

33 ファスナーを表にし、作業スペース上にまっすぐ伸ばして置く。14で整えた見付表の角を上止の端から5mmずらした位置に合わせ、ファスナーと平行に揃えて合わせる(右写真)

34 見付表の下止側の角と接するテープ上に、銀ペンで印を付ける

35 34で付けた印をファスナーテープの裏側に写し、反対側の同じ位置にも印を付ける

36 35で付けた各印から10mm上止側に、銀ペンで印を付ける

見付の制作

37 ファスナーを裏返して置き、下止の端から**36**で付けた印までの間、テープの両側面から7mm程の範囲にスリーダインを塗ってへり返す

38 **36**で付けた印の部分は、写真のように斜めにして貼り合わせる

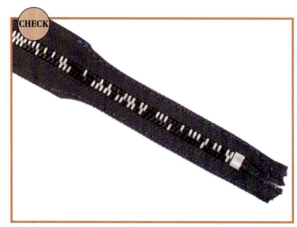

39 へり返したテープの側面、端からぎりぎり（縫い代1～2mm）を縫い合わせる

へり返したテープの側面を縫い合わせた状態。下止側の端はファスナー止めの間に挟まれて隠れるため、どちらかの印を起点に、つなげて縫うことができる

40 下止側の端にファスナー止めを合わせ（ファスナー止めの平行な辺を、下止のラインに揃えて合わせる）、テープを貼り合わせる箇所を確認する。確認した箇所を紙ヤスリで荒らす

41 ファスナー止めの**40**で荒らした面と、ファスナーの下止側の端にスリーダインを塗る

42 **40**で合わせた時と同様に、片方のファスナー止めを下止側の端に貼り合わせる。ファスナー止めの剣先部と直線部両端の縫い穴に手縫い針を通し、穴位置を揃えて反対側のファスナー止めを合わせる

43 合わせた各ファスナー止めを圧着する

ファスナートート

44 直線部の端を始点に、直線部から縫い始める。反対側の直線部まで縫い終えたら、剣先を経由する曲線部を縫い進める

45 縫い始めまで縫い終えたら、直線部をさらに縫い進めて目を重ねる

46 糸の余分をカットし、ライターの火で始末する

CHECK ファスナーの下止側の一部をへり返し、ファスナー止めを取り付けた状態。へり返した範囲は、本体へ見付を合わせた際、見付から外に延びる余分となる

ファスナーと見付を合わせる

47 見付表の床面、長方形に欠けている箇所の角から5mmの位置に印を付ける。ファスナーを表にして、作業スペース上にまっすぐ伸ばして置く。付けた印を上止側のテープの端に揃え、見付表をファスナーと平行に揃えて合わせる

48 下止側の長方形に欠けている箇所の角が重なるテープ上に、印を付ける

49 37のへり返し部、直線から斜めになり始める部分（縫い始め・縫い終わりに近い部分）に印を付ける

50 ファスナーテープのへり返していない側面、49で付けた印から上止側の端までの範囲に3mm幅の両面テープを貼る。反対側にも同様に印を付け、側面に両面テープを貼る

見付の制作

51 | 48と49で付けた印の間、5mm幅程にスリーダインを塗る

52 | 見付表の床面、51でスリーダインを塗った箇所に重ねる角の部分を紙ヤスリで荒らし、スリーダインを塗る

53 | 作業スペース（ビニール板等）の上に、7mm幅の両面テープをファスナーの長さ程度、まっすぐに貼る

54 | 両面テープの剥離紙を剥がし、ファスナーを表にして、まっすぐに伸ばした状態で務歯部分を貼り合わせる

55 | 50で貼った両面テープの内、手前側の剥離紙を剥がす

56 | 47で合わせた時と同様に、見付表をファスナーテープに貼り合わせて仮留めする。この時、見付表のファスナー側の端をテープの織り目が変わるラインに揃え、スライダーが動く余地を設ける

57 | ファスナーの反対側面にも、同様にして見付表を仮留めする

58 | 向かい合う見付表の両端にズレが生じる場合は、双方の端を同じ位置に揃え、余分を貼り合わせる面でいせ込む

ファスナートート

ファスナーに仮留めした、見付表の両端の状態。見付表のファスナー側の角のラインを58の方法でぴったりと揃える

59 ファスナーを裏返して置き、へり返し部を除くファスナーテープの両側面に3mm幅の両面テープを貼る。ファスナーテープのへり返し部、51で接着剤を塗った箇所の裏5mm幅程にスリーダインを塗る

60 見付裏の床面、へり返した箇所の角の部分を10mm幅程度紙ヤスリで荒らし、スリーダインを塗る

61 59で貼った両面テープの内、手前側の剥離紙を剥がす。両端を表に仮留めした見付表に揃え、見付裏を貼り合わせて仮留めする。この時も見付表と同様、見付裏のファスナー側の端をテープの織り目が変わるラインに揃え、スライダーが動く余地を設ける

62 見付裏の両端を見付表の両端に合わせ、余分がある場合は間でいせ込む（ギャザーを寄せ、均等に収める）

63 反対側の見付裏も、同様に貼り合わせて仮留めする

64 スライダーを動かしてファスナーを開き、スライダーが仮留めした各見付に干渉しないことを確認する。干渉する箇所がある場合は、貼り直して修正する

見付の制作

65 見付表のファスナー側の際、両側面付近と中央付近に丸ギリを通し、丸ギリの先が出る位置を確認する。見付裏の際に丸ギリの先が出ればOKで、見付裏に干渉したり際から離れている箇所がある場合は、その部分を貼り直して修正する

見付裏の際から丸ギリの端が離れていると、縫い合わせる際にステッチが（見付裏の端から）落ちてしまうので注意

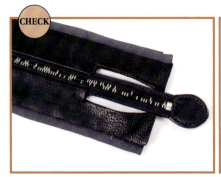 

ファスナーに仮留めした、見付裏の両端の状態。見付表の角のラインに、見付裏の両端をぴったり揃えて貼り合わせる

66 各見付表の両端、内側の角から3mmの位置に、銀ペンで縫い始めと縫い終わり位置を表す印を付ける

67 66で付けた印を起点・終点に、見付表、ファスナー、見付裏を縫い代3mmで縫い合わせる

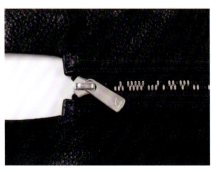 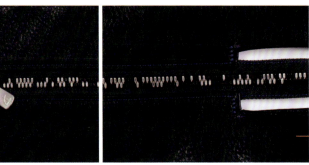

68 67のステッチは、66で付けた印を起点・終点とし、各見付の凸型に飛び出した3辺をコの字に縫う。この時、縫い始めと縫い終わりに該当する、両側面の短い直線部のみを重ね縫いする。以上で、見付は完成

内装と見付を合わせる

内装の口元に見付を合わせ、胴に収める内装を完成させる。見付の両側面の仕立て方が、本工程のポイントとなる。

見付の両端を縫い合わせる

01 見付表と見付裏の床面、それぞれどちらか一方の、端から7mmの位置に縫い線を引く

CHECK 01で引く縫い線は、写真のようにそれぞれどちらか一方に引けばよい

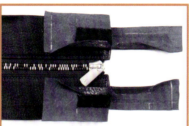

02 01で縫い線を引いた各見付の端の裏、側面際に3mm幅の両面テープを貼る

03 02で貼った両面テープの剥離紙を剥がし、対応する見付の端と側面を揃え、中表で貼り合わせる。01で引いた縫い線上を、両側面をかがって縫い合わせる

04 縫い代を開き、02で貼った両面テープを剥がす

CHECK 各見付の両端を縫い合わせた状態。それぞれ同じ見付（見付表と見付表、見付裏と見付裏）を中表で合わせ、写真の状態にする

05 03の各縫い代を、ステッチの際から内へ向け、写真のように斜めに裁ち落とす

内装と見付を合わせる

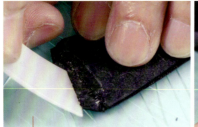  

06 ステッチを中心に、各見付の両端、縫い代を割って貼り合わせる範囲にスリーダインを塗る。縫い代を割って貼り合わせる

07 貼り合わせた箇所を、金槌で軽く叩いて圧着する。革が伸びるため、力加減に注意して圧着する

CHECK

見付表と見付裏の両端（写真はファスナーの上止側）を縫い合わせ、縫い代を割った状態。ここまでの工程により、各見付が外表で合わさるようになる

08 「見付の制作」の工程でへり返したラインに沿い、各見付のファスナー側の両端の接続部をへり返す。既にへり返してある部分を参照し、へり返し部にスリーダインを塗る

09 各見付のファスナー側の接続部をへり返して貼り合わせ、金槌で軽く叩いて圧着する

10 続けて、09でへり返した部分を外表で合わせ、ファスナー際のステッチにつなぐ形で縫い合わせる

11 ファスナーを完全に開き、見付表の接続部、へり返した革の端に沿って3mm幅の両面テープを貼る

12 両面テープの剥離紙を剥がし、縫い割りのラインを揃えて中心部を先に合わせる。へり返した側面をぴったり揃え、見付表と見付裏を貼り合わせて仮留めする

ファスナートート

13 ファスナー際のステッチ両端を縫い始めと縫い終わりとし、縫い代3mmで縫い合わせる。反対側も同様に縫い合わせる

14 仮留めの両面テープを剥がす

内装と見付の開口部を縫い合わせる

15 内装の両側面の縫い割りを揃える。縫い割りを揃えた状態で、口元を揃えて自然に伸ばし、内装の中心をつかむ

16 15でつかんだ内装の中心に、印を付ける。反対側にも、同様に印を付ける

17 見付裏のステッチの反対側の側面に、端をぴったり揃えて3mm幅の両面テープを貼る

18 「見付の制作」の工程01で付けた中心の印で、両面テープを分割する

17〜18の工程で見付裏の外側面に、4分割した両面テープを貼った状態

47

内装と見付を合わせる

19 内装の口を開き、ファスナーの上止側の向きを揃えた写真の位置関係で双方を仮留めする

20 内装と見付を写真の位置に置き、中心の印位置から1本の両面テープの剝離紙を僅かに剝がす

21 16で内装の口元に付けた中心の印に、20の見付の中心を合わせる。口元のラインを揃え、中心の印から100mm程の範囲を貼り合わせる

22 内装と見付の縫い割りをぴったり合わせ、残りの剝離紙を剝がしながら、それぞれの口元を揃えて貼り合わせる

CHECK 内装と見付、それぞれの中心と両側面の縫い割り位置を合わせ、口元のラインを揃えて貼り合わせた状態。見付表の床面の端が、内装の外側に出た状態となる

23 見付表の端を内装の口元にへり返す際、仮留めした見付裏が剝がれないようにしつけ縫いをする

24 見付裏の長辺に引いた端から7mm位置の線(「見付の制作」の工程**02**)を、接続した縫い割り部まで延ばしてつなぐ。つないだ線上を1周縫い合わせる。どちらかの縫い割りの手前から縫い始め、1周縫った縫い終わりを2～3目返し縫いする

CHECK 上の**23**で表した、しつけ縫いのステッチ。構造が若干複雑なので、縫う箇所を間違えないように注意する

ファスナートート

25 見付表の床面の口元、端から15mm程の範囲にスリーダインを塗る

26 **24**でしつけ縫いをした見付裏の床面、ステッチの外側5mm程の範囲にスリーダインを塗る

27 見付表と見付裏の各接着面を、中心と両側面の縫い割りを揃えて自然に貼り合わせる

28 見付表の端を内装の口元際でへり返し、へり返した革を貼り合わせる範囲を確認する

29 **28**で確認した接着面に、スリーダインを塗る

30 **28**と同様に、見付表の端をへり返して貼り合わせる。口元を1周貼り合わせた後、両側面の縫い割り部を金槌で圧着し、重なった革の厚みを抑える。また、内装の外側からへり返し部を1周、金槌で軽く叩いて圧着する

CHECK

内装と見付を合わせた状態。表と裏がある見付を合わせる工程が複雑なため、各工程で仮留めの接着剤を塗る前に、双方を合わせる位置や順序を確かめるとよい

胴と底を合わせる

胴に芯、底に芯と底鋲を取り付けた後、2枚の胴の底（辺）に底を合わせる。位置合わせ用の型紙が重要な役割を果たす。

胴に胴芯を取り付ける

01 各胴の床面に、口元の中心を揃えて胴芯を合わせる。胴の口元の、胴芯の両側面の角に印を付ける

02 01で付けた印の間、口元の端から10mmの位置に、適度に間隔を空けて数ヵ所に印を付ける。01で付けた印の間、口元の端から15mmの範囲にスリーダインを塗る

03 胴芯の漉きを入れていない面、口元の端から5mmの範囲にスリーダインを塗る

04 中心と02で付けた10mmの印に胴芯の口元のラインを揃え、胴に胴芯を貼り合わせる

05 胴の口元の両端、端から30mmの位置に印を付ける

06 05で付けた印の間、口元の端から18mmの位置に、適度に間隔を空けて数ヵ所に印を付ける。付けた印を定規でつなぎ、口元のラインと平行な線を引く

07 06で引いた線から口元の端に向け、スリーダインを塗る

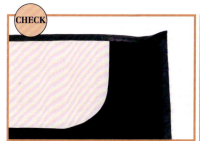

08 　07で引いた線に端を揃え、胴の口元をへり返して貼り合わせる

胴の口元をへり返して貼り合わせた状態。両端の30mm幅はへり返さず、底を合わせて両側面を縫い合わせた後にへり返す

底に底鋲を取り付ける

09 　底の床面に型紙を合わせ、周囲4側面の中心に印を付ける。底のギン面に型紙を合わせ、底鋲取付位置5ヵ所に印を付ける

10 　底芯の漉きを入れた面に型紙を合わせ、周囲4側面の中心に印を付ける

11 　周囲4側面に付けた印を参照し、底の床面の中心に底芯を合わせる。型紙の側面をトレースし、底芯の糊代を描き表す

12 　11で描き表した底芯の糊代に、スリーダインを薄く2回塗り重ねる。底芯の漉きを入れていない面、全面にスリーダインを薄く2回塗り重ねる

13 　底の床面に底芯を貼り合わせ、表と裏から手を押し当てて圧着する

14 　底の両長辺を底芯の側面で部分的にへり返し、糊代の目安となる印を複数箇所に付ける。付けた印を定規でつなぎ、へり返しの糊代の目安線を引く

胴と底を合わせる

15 14で引いた目安線の外側にスリーダインを塗り、底の両長辺をへり返して貼り合わせる

16 09で付けた底鋲取付位置5ヵ所に、10号（使用する底鋲に適合するサイズ）のハトメ抜きで穴をあける

17 16であけた穴に底鋲の足を通す

18 裏側（内側）で樹脂製のワッシャー（座金）を介し、固定用のカシメをセットする

19 ゴム板を下に敷き、固定したカシメの頭を金槌で叩き、潰して平らにする

CHECK

底に底鋲を取り付けた状態。底鋲の取り付け方法は、使用する底鋲に合わせて適宜変更する

20 ベフ（接着芯）を貼り合わせ、潰したカシメの頭を完全に覆う。この時、ベフの端がへり返した革へ重ならないように貼り合わせる

21 へり返した両長辺を、端から2mm程の間を空け、紙ヤスリで荒らす

胴と底を縫い合わせる

22 各胴のギン面、底の端から8mmの位置に、適度に間隔を空けて数ヵ所に印を付ける。付けた印を定規でつなぎ、底のラインと平行な線を引く

23 22で引いた線の外側を、紙ヤスリで荒らす

24 22と同様、底の端から9mmの位置数ヵ所に印を付け、付けた印を定規でつなぎ、底のラインと平行な線を引く

25 底のギン面、両長辺の両端から10mmの位置に印を付ける。付けた印の間に、2.5mm幅の縫い線を引く

26 25で引いた縫い線上に、間隔を調整して菱目打で跡を付ける

27 底のギン面、両長辺の端から9mm、両短辺の端から15mmの位置に印を付ける。ネジ捻やディバイダーを使い、付けた印をつなぐ縫い線を引く

28 27で引いた縫い線上に、間隔を調整して菱目打で跡を付ける

29 ギン面を表にして底を置き、長辺に型紙を添わせて中心の印を付ける

胴と底を合わせる

30 各胴の床面、凸型に飛び出した3辺の内側に、底のラインに沿って15mm幅の補強テープを貼る

31 片方の胴のギン面の、**22**で引いた線の外側、**23**で荒らした箇所にスリーダインを薄く2回塗り重ねる

32 底の裏の片側の長辺、**21**で端から2mm空けて荒らした箇所に、スリーダインを薄く2回塗り重ねる

33 「底合わせ位置」の型紙を用意し、胴の口元を型紙の口元のラインにぴったり揃えて重ねる

34 **33**の状態を保ったまま、底の接着剤を塗っていない方の長辺を、胴の反対側の型紙の底のラインに揃える（左写真）。長辺と底のラインを揃えたままで底を置き、中心と両側面を揃えて胴と底の接着面を貼り合わせる

CHECK 胴に貼り合わせた底の端。胴の底にあたる凸部の際から、僅かに内側へ入り込んだ状態で貼り合わせる。「底合わせ位置」の型紙は、漉きによる革の伸びや、へり返し時に生じる微細な寸法の誤差を修正するために用い、この誤差を修正することで、胴の両側面を縫い合わせた後、胴と底の両側面を正確に合わせることができる

35 **26**と**28**で付けた菱目打の跡を菱ギリで突き、縫い穴をあける

ファスナートート

36 端から4つめの縫い穴を縫い始めとし、端に向けて3目縫い進めた後、端で折り返して反対端まで縫い進める。反対端でも折り返し、両端の3目を重ね縫いする

37 縫い終わりは、3目目を作る糸のみを裏に通し、2本の糸を2回結んだ後にサイビノール600で固めて始末する

38 サイビノールが硬化した後、残した糸の上に補強テープを貼る

39 残りの胴の底に、**31**と同様にスリーダインを塗る。胴に縫い合わせた底の反対側の長辺に、**32**と同様にスリーダインを塗る

40 **39**で底に接着剤を塗った胴を、**33**と同様に「底合わせ位置」の型紙に合わせて置く。先に胴と縫い合わせた底の長辺を、**34**と同様に型紙に合わせ、中心と両側面を揃えて胴と底の接着面を貼り合わせる

41 貼り合わせた底の長辺に、**35**と同様に縫い穴をあける。**36**〜**38**の手順で、残りの胴と底を縫い合わせる。以上で、胴と底を合わせる工程は終了

本体の仕立て

中表で袋状の本体を完成させ、底に内装を合わせた後に返し、口元を1周縫い合わせて本体を完成させる。

胴を仕立てる

01 一方の胴のギン面、両側面に端から1〜2mm間を空けて3mm幅の両面テープを貼る

02 01で貼った両面テープの剥離紙を剥がし、端をぴったり揃えて中表で側面を貼り合わせる。貼り合わせた後、剥がれにくいように数ヵ所をクリップで留めておく

03 両側面の口元側、側面の端から7mmの位置に、銀ペンで縫い代(縫い始め)の目安となる印を付ける

04 03で付けた印を目安に、口元から底に向け、縫い代7mmで両側面を縫い合わせる。口元の端から1〜2mmの位置を縫い始めとし、縫い終わりは底の端へ2〜3目かかって始末する。仮留めの両面テープが外れないよう、クリップをずらしながら縫う

05 両側面を縫い終えたら、仮留めの両面テープを剥がす

06 底側の縫い代を、斜めに裁ち落とす。底から25mm程の位置に刃を入れ、底側のステッチぎりぎりの所までを裁ち落とす

07 縫い代の底から45mm程の範囲、側面から14mm程にスリーダインを塗る

ファスナートート

08 底側の縫い代を割って貼り合わせ、金槌で叩いて圧着する

CHECK 側面を縫い合わせた胴の、底側の縫い代を割って貼り合わせた状態

09 底の両側面、端からぎりぎりの位置に3mm幅の両面テープを貼る

10 両面テープの剥離紙を剥がし、胴の側面の縫い割りと底の側面の中心をぴったり揃えて貼り合わせる

11 貼り合わせた胴の側面、端から7mmの位置に、銀ペンで縫い代（縫い始め）の目安となる印を付ける

12 11で付けた印を目安に、胴と底を縫い代7mmで縫い合わせる。縫い始めと縫い終わりは、側面へ2〜3目かがって始末する

13 06と同様、口元側の縫い代を斜めに裁ち落とし、07と同様にスリーダインを塗る

14 13の縫い代を割って貼り合わせる

本体の仕立て

15 割って貼り合わせた縫い代を、金槌で叩いて圧着する

16 口元の両端をへり返すため、貼り合わせた縫い割りのギン面を紙ヤスリで荒らし、へり返す箇所にスリーダインを塗る

17 口元の両端をへり返して貼り合わせ、金槌で叩いて圧着する。革が伸びて寸法がずれる恐れがあるため、複数の革が重なる縫い割り部をメインに叩き、その両側面は軽く叩く

CHECK
口元の両側面の縫い代を割って貼り合わせ、口元の両端をへり返した状態

CHECK

左写真は、胴を中表で合わせ、両側面と底を縫い合わせた状態。右写真は、左写真の状態を返した状態。内装を底に合わせてから返すため、現状では返さずにおく

胴に内装を収め、本体を完成させる

18 胴の口元、全周に2.5mm幅の縫い線を引く

19 18で引いた縫い線上に、菱目打で縫い穴の跡を付ける。両側面の縫い割りに縫い穴が被らないよう、縫い割りを2本目の菱目打でまたぎ、これを基準に跡を付けていく

ファスナートート

20 胴の口元、へり返した革のギン面を端から3mm空け、紙ヤスリで荒らす。内装の口元、へり返した見付表のギン面を、同じく端から3mm空けて紙ヤスリで荒らす。荒らすことでそれぞれの中心に付けた印が認識しづらくなった場合は、印を明確に付け直しておく

21 底の両側面、**12**のステッチの5mm内側に5mm幅の両面テープを貼る

22 両面テープの剥離紙を剥がし、胴と内装の底を貼り合わせる。それぞれの側面の中心(縫い割り)を正確に合わせ、縫い代の端をぴったり揃えて貼り合わせる

23 貼り合わせた両側面の、ステッチの外側を縫い合わせる

CHECK 底の両側面を縫い合わせることで、胴に収めた内装の浮上を抑えることができる

24 胴の内側に片方の手を入れ、片側の角を引き出すように返す。この時は、革の表面へ傷を付けてしまわないよう、柔らかい手袋を装着するとよい

25 残りの角を**24**と同様に引き出し、内装を胴の内側に収める。底の両側面を内側から押し出し、形をきれいに整える

26 内側に収めた内装の形を整え、それぞれの口元を揃える

本体の仕立て

27 胴と内装の口元、**20**で荒らした各接着面にスリーダインを薄く2回塗り重ねる

28 片側の胴と口元の中心を貼り合わせる。この時、反対側の口元の接着面が付かないよう、適当な紙を挟んでおく

29 **28**で貼り合わせた中心から、根革の外側面までの範囲の口元を貼り合わせる。貼り合わせる口元を真上から見て、端を正確に揃えて貼り合わせる

30 挟んだ紙を外し、**28**〜**29**と同様に、反対側の胴と口元の中心から根革の外側面までの範囲を貼り合わせる

31 縫い割りをぴったり揃え、両側面の口元を貼り合わせた後、根革の外側面から両側面までの口元を自然に揃えて(いせ込んで)貼り合わせる

32 貼り合わせた口元を、内装側から金槌で叩いて圧着する。革の表情(シボ等)を崩さないよう、力加減に注意する

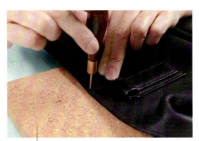

33 **19**で付けた菱目打の跡を菱ギリで突き、縫い穴をあける

34 根革の上を縫い始めとし、口元を1周縫い合わせる。縫う距離が長いため、対角上の根革を区切りに、2度に分けて縫う。口元を1周縫い合わせば、本体は完成となる

ファスナートート

持ち手の制作

ひも状の持ち手Bと、Dカンの接続部となる持ち手Aを別々に仕立て、最後に双方を合わせて根革のDカンに接続する。

持ち手Bの制作

01 持ち手Bの床面、漉きを入れていない長辺の端から20mmの位置に、適度に間隔を空けて数ヵ所に印を付ける

02 01で付けた印を定規でつなぎ、長辺と平行な線を引く。引いた線の内側に、線に沿って15mm幅の補強テープを貼る

03 持ち手Bの床面、漉きを入れた長辺の端から14mmの位置に、適度に間隔を空けて数ヵ所に印を付ける。付けた印を定規でつなぎ、長辺と平行な線を引く

04 03で引いた線の外側にスリーダインを塗り、線に端を揃え7mm幅をへり返して貼り合わせる

05 持ち手Bを表に返し、04でへり返した長辺に2.5mm幅の縫い線を引く。引いた縫い線上、両端から30mmの位置に印を付ける

06 05で引いた縫い線上、両端から30mmの印の間に縫い穴の跡を付ける

07 へり返していない長辺の端を、02で貼った補強テープの内側の端に揃えて折り返す。折り返した長辺の上にへり返した長辺を折り返して重ね、仕上がり幅24mmの中心に06で付けた縫い穴の跡が揃うことを確認する

持ち手の制作

08 補強テープの内側の端から、外側5mm幅にスリーダインを塗る。へり返していない長辺の床面、端から5mm幅にもスリーダインを塗る（※07で仕上がり幅24mmの中心に縫い穴の跡が揃わなかった場合は、折り返して貼り合わせる位置を変えて調整する）

09 へり返していない長辺を、07と同様に折り返して貼り合わせる

10 両端を30mm空け、へり返した長辺に3mm幅の両面テープを端から3mm空けて貼り合わせる

11 両端の30mmの範囲内、09で貼り合わせたへり返していない長辺の端から5mm外側に数ヵ所印を付け、印をつないで線を引く

12 11で引いた線から、10で貼った両面テープの外際までの範囲を紙ヤスリで荒らし、荒らした範囲内にスリーダインを塗る

13 09で折り返して貼り合わせた長辺上、両面テープを貼った長辺の端から30mmの位置に、適度に間隔を空けて印を付ける

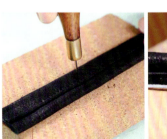

14 両面テープの剥離紙を剥がし、13で付けた印にへり返した長辺の端を重ねて貼り合わせる（印が完全に隠れるように重ねる）。折り返したラインを見直し、乱れている箇所がある場合は修正する

15 06で付けた菱目打の跡を菱ギリで突き、縫い穴をあける。端から4つ目の縫い穴を縫い始めとし、両端を3目重ねて縫い合わせる

持ち手Aの制作と接続

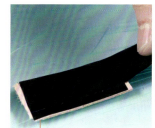

16 持ち手A芯の、片方の短辺の端から10mmの位置に、短辺と平行な線を引く。線から短辺までの範囲を、先端ゼロで斜めに漉く

17 持ち手A芯の漉きを入れていない面に、20mm幅の補強テープを貼り合わせる。テープの端を長辺に揃え、内側は重ねて貼る

18 持ち手Aの床面を表にし、切り込みを入れた箇所を除く各辺の端から7mmの位置に線を引き、線から各辺の端までの範囲を先端ゼロで斜めに漉く。左写真の下側、漉きを入れた境目の角にあたる○を付けた2ヵ所を、角の段差を無くすように漉く

CHECK 持ち手Aの床面を、**18**の説明通りに漉いた状態

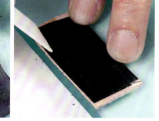

19 持ち手Aの床面、切り込みを入れたラインの中心に、**16**で引いた線を揃えて持ち手A芯を合わせる(左写真)。持ち手A芯の全側面を銀ペンでトレースし、糊代の目安となる枠を描き表す

20 **19**でトレースした枠の内側と、持ち手A芯の**17**で補強テープを貼った面全面にスリーダインを塗る

21 持ち手A芯を枠に合わせて貼り合わせ、切り込みを入れたラインを軽く折って折りグセを付ける

22 持ち手芯の3側面を部分的にへり返し、糊代の目安となる印を複数箇所に付ける

持ち手の制作

23 | 22で付けた印の外側にスリーダインを塗り、へり返す3辺をモデラで起こして持ち手A芯の側面に貼り合わせる

24 | 起こした革を持ち手A芯に貼り合わせる。角の余分は起こした状態で貼り合わせ、角を僅かに残して裁ち落とす

25 | 接着面をモデラで圧着し、角の形を整える

26 | 持ち手A芯の両側面、切り込みを入れたラインから5mmの位置に印を付け、印を定規でつないで線を引く

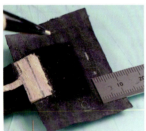

27 | 芯の反対側の長辺、端から7mmの位置数ヵ所に印を付け、芯の幅と同じ長さの線と、芯の両側面から延長する線を引く（右写真）

28 | 27で引いた線が表す枠内に、周囲を枠から1mmずつ控えて（離して）20mm幅の両面テープを貼る（右写真）

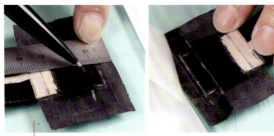

29 | 芯の反対側の長辺、端から14mmの位置数ヵ所に印を付け、印を定規でつないで線を引く。引いた線の外側にスリーダインを塗る

30 | 端を29で引いた線に合わせ、芯の反対側の長辺をへり返して貼り合わせる

ファスナートート

  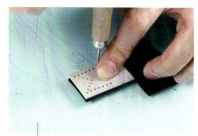

31 持ち手Aを表に置き、芯を収めたベルト部の上に「持ち手穴位置A」の型紙を合わせる。この時、先端にあたる短辺の端は揃えず、穴位置を表す「M字」の上側の2点を、短辺の端から3.5mmの位置に揃えて合わせる（端に型紙を合わせると、収めた芯から穴が落ちるため）

32 31の状態で型紙を押さえ、全ての穴位置を丸ギリで突き、縫い穴の位置を写す

33 M字の上側2点を丸ギリで突き、縫い穴をあける。他の点に菱目打で縫い穴の跡を付ける

34 持ち手Aのベルト部の付け根に、31と同様に「持ち手穴位置B」の型紙を合わせ、32〜33と同様に縫い穴の跡を付ける（※M字の上側の2点を、長辺の端から3.5mmの位置に揃える）

35 M字の上側2点を除き、33で付けた縫い穴の跡に菱ギリで縫い穴をあける

36 ベルト部の裏、35であけたM字の縫い穴の内側を、紙ヤスリで荒らす

37 持ち手Bの裏（折り返した側面を重ねた面）、両端から20mmの位置の両側面に印を付ける（左写真）。両端から15mmの位置の中心にも印を付ける（右写真）

38 37で付けた3つの印をつなぎ、写真のように線を引く

持ち手の制作

39 38で引いた線の外側と側面を、紙ヤスリで荒らす

40 39で荒らした箇所に、スリーダインを薄く2回塗り重ねる

 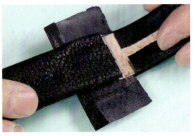 

41 持ち手Aの裏、16で芯に引いた線からM字の範囲内にスリーダインを薄く2回塗り重ねる。40で接着剤を塗った持ち手Bの端を、芯に引いた線に揃えて貼り合わせる

42 貼り合わせた持ち手Bの表面、30でへり返した持ち手Aの端から2mm内側の位置に印を付けて線を引く

43 42で引いた線から持ち手Bの端までの範囲を、紙ヤスリで荒らす

44 43で荒らした範囲と、その両側面にあたる持ち手Aの床面にスリーダインを塗る。持ち手Aの側面を起こし、持ち手Bの端を包むように重ねて貼り合わせる

持ち手Bの端にはみ出す革の余分を、モデラで端に押し当てて貼り合わせ、すっきりと収める

45

ファスナートート

CHECK 45の状態を、表から見た状態。持ち手Aの持ち手Bに重なるM字の縫い穴の跡が、確実に持ち手Bの幅の内側に収まっていることを確認する。M字の両端の縫い穴が持ち手Bの端にかかっていたり落ちている場合は、持ち手Aと持ち手Bを正確に縫い合わせることができないため、あらためて貼り直す

46 34で付けた縫い穴の跡の内、M字の上側2点を丸ギリで突き、裏側まで貫通する縫い穴をあける

47 34で付けた縫い穴の跡の内、M字の上側2点以外を菱ギリで突き、裏側まで貫通する縫い穴をあける

48 46〜47で縫い穴をあけたM字の内側を紙ヤスリで荒らし、荒らした範囲内にスリーダインを薄く2回塗り重ねる

49 ベルト部裏の36で荒らした範囲内に、スリーダインを薄く2回塗り重ねる

50 ベルト部をDカンに通し、ベルト部を折り返す。M字の両端と角、計5ヵ所の穴に手縫い針を通し、右写真のように穴位置を揃える（※解説が分かりやすいように根革からDカンを外して解説するが、実際は本体に付けたDカンに合わせて同じ工程を進める）

51 穴位置を揃えた状態で折り返したベルト部を貼り合わせ、指先で圧着できる箇所を圧着する。さらに、針を1本ずつ抜きながら、エンマヤットコで接着面を圧着する

52 折り返す革に厚みがあって剥がれやすいため、穴位置がずれないように確実に圧着する

持ち手の制作

53 | M字の端の4つ目の穴を縫い始めとし、端に向けて3目縫った後、折り返して反対端まで縫い進めていく

54 | 重ねた革に厚みがあり、次の目を締める前に手前の目が緩む可能性があるため、縫い進める先の目を締める前に、手早く手前の目を締め直す

55 | 縫い始めの反対端まで縫い終えたら、折り返して縫い始めと同様に3目を重ね、表に3目目を作る糸のみを裏に通す。2本の糸の端を僅かに残し、余分をカットする

56 | 糸の端をライターの火で始末する

CHECK

持ち手のDカン接続部（持ち手A）を縫い合わせた状態。上写真が表、下写真が裏となる。ステッチの両端を3目重ね、またM字に縫うことで、負荷が掛かる持ち手の接続部に強度をもたせている

57 | 反対側及び、残りの持ち手も同様に制作・接続する。本体（のDカン）に持ち手を接続する際は、持ち手の表裏及び、表面の折り返した革の向きを写真のように揃える

完 成

ITEM. II

ボックストート
BOX TOTE BAG

長方形で構成される、カチッとしたフォルムのトートバッグ。材料革は、繊維が締まってコシの強い2.0mm厚前後のヌメ革を推奨。本作品は協進エル扱いの「ルガトショルダー」2.0mm厚を使用。

Detail

本体の構造は、前後の胴を等幅の横マチと底マチで合わせる構造。長さのあるマチを1枚で取ることが難しいため、横マチと底マチを接続する「分割通しマチ」としている

持ち手と本体の接続箇所には、強度を持たせるためにカシメを使用。バッグ全体で革の質感を統一するため、カシメを革でくるんでいる

本体と同じ革を積み重ね、革包丁で丁寧に成形した後に革で挟み込むことで、自然にラウンドしたフォルムの持ち手を仕立てる。コバの仕上げ方が、完成したバッグの良し悪しを左右する

利便性を高め、デザイン上のアクセントにもなるファスナーポケットを片方の胴に設置。ファスナー自体が装飾の一部となるため、YKKの「エクセラ」やスイスの「riri」、イタリア・Lanfranchi社の「LAMPO」等、デザイン製の高いファスナーの使用を推奨する。本体の内装はアメ豚とし、スマートフォンやペンが収まるくり抜きポケットを設置。横マチに根革とDカンを設置し、別途制作するショルダーを合わせることで2WAYバッグとなる

パーツ／革

巻末の型紙通りに裁断した本体を構成する革パーツ一式と、事前に漉きを入れた各パーツの床面を以下に表します。

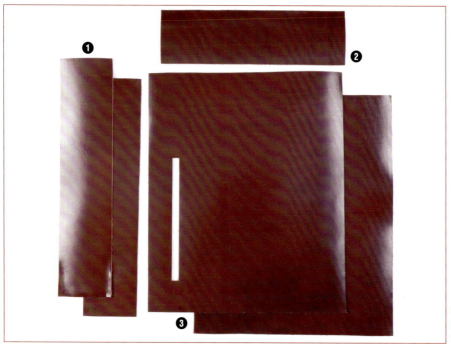

❶ 横マチ×2
❷ 底マチ
❸ 胴×2

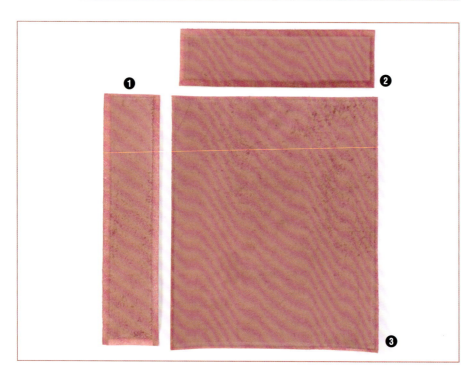

❶ 横マチ：口元側の短辺5mm幅を1.5mm厚に段漉き。底側の短辺、切り込み間10mm幅を1.0mm厚に段漉き。両長辺10mm幅を1.5mm厚に段漉き

❷ 底マチ：両短辺5mm幅を1.5mm厚に段漉き。両長辺10mm幅を1.5mm厚に段漉き

❸ 胴：全側面5mm幅を、原厚より0.2mm程度薄く斜め漉き

ボックストート

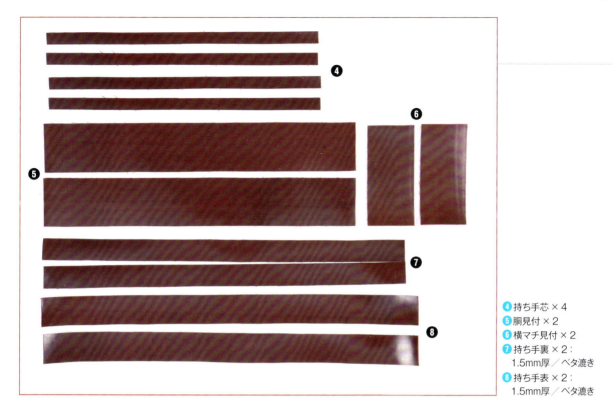

- ❹ 持ち手芯 × 4
- ❺ 胴見付 × 2
- ❻ 横マチ見付 × 2
- ❼ 持ち手裏 × 2：
  1.5mm厚／ベタ漉き
- ❽ 持ち手表 × 2：
  1.5mm厚／ベタ漉き

❺ 胴見付：全面を1.5mm厚にベタ漉き。その後、長辺1辺のみ、10mm幅を1.0mm厚に斜め漉き、両短辺15mm幅を0.4mm厚に斜め漉き

❻ 横マチ見付：全面を1.5mm厚にベタ漉き。その後、長辺1辺のみ、10mm幅を1.0mm厚に斜め漉き、両短辺15mm幅を0.4mm厚に斜め漉き

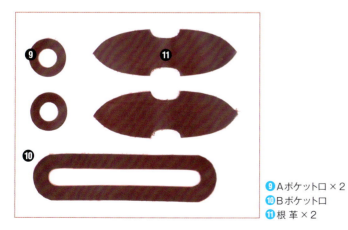

- ❾ Aポケット口 × 2
- ❿ Bポケット口
- ⓫ 根革 × 2

⓫ 根革：片側の剣先の側面、5mm幅を1.5mm厚に斜め漉き

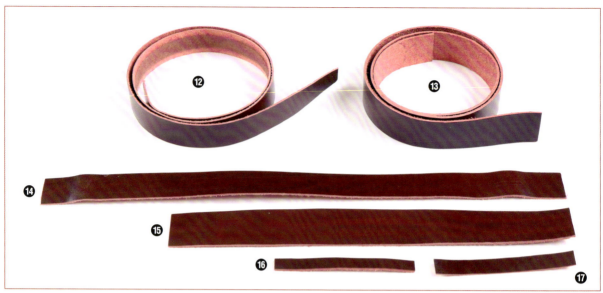

⓬ ショルダーA表　⓭ ショルダーA裏：1.5mm厚／ベタ漉き　⓮ ショルダーB表
⓯ ショルダーB裏：1.5mm厚／ベタ漉き　⓰ さる革表　⓱ さる革裏

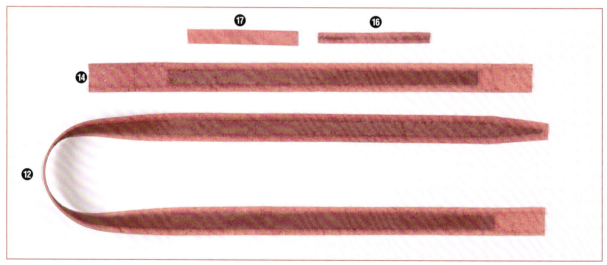

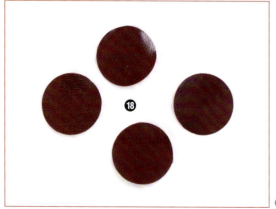

⓬ ショルダーA表：剣先の反対端から45mm幅を1.3mm厚にベタ漉き。その他の全側面、5mm幅を1.0mm厚に斜め漉き

⓮ ショルダーB表：片端から45mm幅を1.3mm厚にベタ漉き。反対端から70mm幅を1.3mm厚にベタ漉き。その他の全側面、5mm幅を1.0mm厚に斜め漉き

⓰ さる革表：両長辺3mm幅を1.0mm厚に斜め漉き

⓱ さる革裏：0.7mm厚にベタ漉き

⓲ くるみ革 × 4

ボックストート

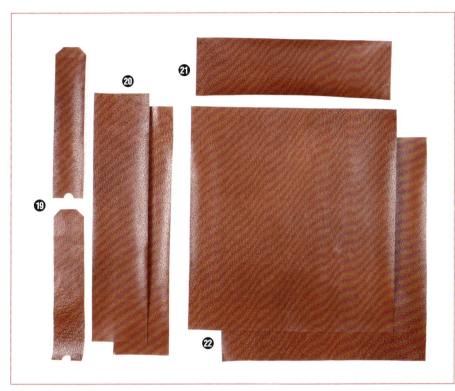

⑲ Aポケット×2
⑳ 横マチ裏×2
㉑ 底マチ裏
㉒ 胴 裏×2
※以上のパーツは全て
「アメ豚／0.5mm厚」

パーツ／芯材

各種の革パーツに合わせる芯材を以下に表します。一部の芯材は革パーツと同様、部分的に漉きを入れます。

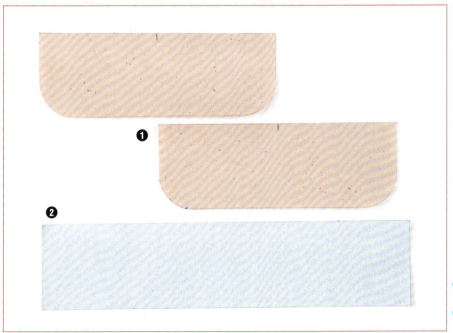

❶ 胴 芯×2：
　バイリーン／0.6mm厚
❷ 底マチ芯：
　のり付きスライサー／0.6mm厚

パーツ／内装（生地）

本作品に使用する内装（生地）は全て、各種のポケット関係のパーツとなります。「吊り布」は裁断して使用します。

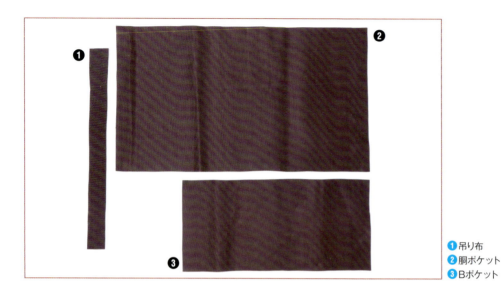

❶ 吊り布
❷ 胴ポケット
❸ Bポケット

パーツ／ファスナー

ファスナーを胴ポケットの開口部に使用します。ファスナーの長さを調整する方法は、p.13〜を参照してください。

上止〜下止間の長さ＝198mm
リボンの余分＝各20mm

パーツ／副資材

本作品の制作に使用する、各種の金具や芯材を以下に表します。金具類は、該当するサイズの物を用意してください。

両面カシメ中 ×4セット

持ち手の取付部に強度を持たせるため、外径9mm、足の長さ10mmの両面カシメを用いる。本体と同じ革でくるむため、色は何でもよい

ショルダー用 各種金具

ショルダーの長さ調整に用いる「美錠」と、ショルダーの接続箇所に用いる「Dカン」×2、「ナスカン」×2。全て幅24mm

ボックストート

使用する工具

全て、別の工具でも代用できます。ハトメ抜きやカシメ打ち等の打ち具は、使用する金具との適合を確認してください。

- 革包丁
- ガラス板
- ビニール板
- のりベラ（ジラコヘラ）
- ハサミ
- モデラ
- 銀ペン
- 銀ペン消しゴム
- ボールペン
- 定規
- 紙ヤスリ 180番
- 紙ヤスリ 400番
- 紙ヤスリ 600番
- 金槌
- 木槌
- 打ち台（ゴム板）
- コルク板（突き目用）
- メタルプレート（金具用打ち台）
- 菱目打（2本目・複数目）
- 菱ギリ（細）
- 丸ギリ（目打）
- 手縫い針（3本）
- 糸切りバサミ
- ネジ捻／ディバイダー（縫い線引き用）
- ハトメ抜き 10号（Φ3.0mm）
- ハトメ抜き 60号（Φ18mm）
- へり裁ち棒（へり定規）3mm幅
- 布（コバ磨き用）
- フチ捻／玉捻等（金属製の線引き工具）
- オイルランプ／アルコールランプ
- へり落とし（刃幅0.8mm）
- ライター
- 綿棒
- ウエイト（重石）
- カシメ打ち
- コバ塗りスティック
- エンマヤットコ
- 絵筆

使用する資材

上記各種工具の他、縫製部の仮留め時に各種接着剤と両面テープ、各パーツの補強用に補強テープ等を用います。

- 補強テープ 18mm幅
- 両面テープ 3mm幅
- 両面テープ 5mm幅
- 両面テープ 7mm幅
- コバ仕上剤
- ロウ（蜜蝋・コバ磨き用）
- スリーダイン（天然ゴム系接着剤）
- サイビノール600（水性系接着剤）
- Gクリヤー（合成ゴム系接着剤）
- ビニモ（縫製用・色と太さは好みで）

持ち手の制作

本体と同じ革を積み重ね、革包丁で丁寧に成形して芯を作成。芯を革で挟み、芯のフォルムを引き出した持ち手を制作する。

持ち手芯の制作

01 4本の持ち手芯のギン面を、180番の紙ヤスリで一様に荒らす

02 2本の持ち手芯の荒らしたギン面に、スリーダインを薄く2回塗り重ねる。残りの2本は、床面にスリーダインを薄く2回塗り重ねる

03 各側面をぴったり揃え、2本の持ち手芯を重ねて貼り合わせる

04 貼り合わせた持ち手芯を、金槌で叩いて圧着する

05 持ち手芯のギン面、全側面の端から3mmの位置に、各側面と平行な線を引く

06 持ち手芯の両端の角を、05で引いた線から下の革の端に向けて斜めに裁ち落とす

07 持ち手芯の両側面の角を、厚みの中心に向けて斜めに裁ち落とす

ボックストート

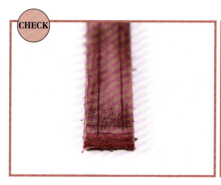 

左写真は、05で各側面の端から3mmの位置に線を引いた状態。右写真は06〜07の工程で、線から各側面に向けて持ち手芯の角を裁ち落とした状態

08 ガラス板の側面に7mm幅の両面テープを貼り、持ち手芯の下の側面をガラス板の側面に揃えて貼り合わせる

09 持ち手芯の角を繰り返し裁ち落とし、上面を緩やかな傾斜状に整える

10 角を落とすことでできる角を順に落とし、持ち手芯の表面を最終的に、各側面の端から端を緩やかな傾斜でつなぐ形状にする

09〜10の工程で、持ち手芯の表面を写真のような形状に整える

持ち手芯を革で挟み、側面を縫い合わせる

11 持ち手裏の床面に中心の印を付け、印を定規でつなぎ中心線を引く

12 持ち手裏の床面に、幅（25mm）を二分する印を適度に間隔を空けて数ヵ所に付ける。中心を揃えて持ち手芯の型紙を合わせ、型紙の両端から5mmの位置に印を付ける

79

持ち手の制作

13 12で付けた型紙の両端から5mm位置の印の間に、18mm幅の補強テープを貼る（**12**で付けた幅を二分する印を目安に、持ち手芯の中心に貼る）。補強テープの上に、**11**の中心線を引き直す

14 **13**で貼った補強テープの上に、中心を揃えて持ち手芯の型紙を合わせ、全側面をトレースして糊代の枠を描く

15 持ち手芯の中心に、中心線を引く

16 持ち手裏の床面、**14**で描いた枠の内側にスリーダインを薄く2回塗り重ねる。持ち手芯の裏（平面）にも、スリーダインを薄く2回塗り重ねる

17 持ち手裏と持ち手芯の中心を揃え、**14**で描いた枠の内側に持ち手芯を貼り合わせる

18 **14**で描いた枠の内側に、持ち手芯を均等に収めて貼り合わせる

19 持ち手裏に貼り合わせた持ち手芯の表面及び、持ち手裏の床面全面にスリーダインを薄く2回塗り重ねる

20 持ち手表の床面、全面にスリーダインを薄く2回塗り重ねる

ボックストート

21 持ち手表の床面を表にし、持ち手裏を接着面へ均等に収めて貼り合わせる

22 貼り合わせた持ち手を返し、挟んだ芯の形を出すように持ち手表を密着させ、側面をぴったり揃えて貼り合わせる

 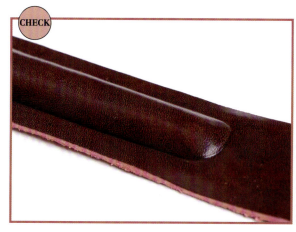

23 芯の側面際にモデラをあて、持ち手表を圧着して芯のフォルムをしっかりと表す

間に芯を挟み、持ち手表と持ち手裏を貼り合わせた状態。芯の表面を丁寧に整え、上に重ねて貼り合わせた革(持ち手表)をしっかりと圧着することで、芯のフォルムが際立つ

24 持ち手の表、芯の側面際にへり裁ち棒(3mm幅)をぴったり沿わせ、芯の側面から3mmの位置に丸ギリで裁断線を引く

へり裁ち棒が無い場合は、芯の際から3mmの位置数ヵ所に印を付け、付けた印を定規でつないで裁断線を引く

25 持ち手の表、芯の側面際に菱目打で縫い穴の跡を付ける

26 芯の両端の曲線部は後に回し、直線部へ先に跡を付ける。菱目打を打つ際は、先に左写真のように芯の側面際へ斜めに刃先をあて、次に右写真のようにまっすぐに起こして打つと、側面際のラインから逸脱しづらくなる(まっすぐな跡を正確に付けられる)

持ち手の制作

27 直線部に跡を付けた後、芯の両端の曲線部に2本目の菱目打で跡を付ける

持ち手のステッチは表出する重要な部分なので、芯際のラインを逸脱することなく、正確に縫い穴の跡を付ける

28 26〜27で付けた縫い穴の跡を辿り、菱ギリで突き目をして縫い穴を貫通させる

29 直線部を縫い始めとし、芯の周りを1周縫い合わせる。縫う距離が長いので、複数回に分けて縫うとよい

30 糸の継ぎ目や縫い終わりはサイビノール600で糸を固め、糸の端をぎりぎりでカットし、余分を穴に埋めて始末する

31 24で引いた裁断線で、持ち手の両側面を化粧裁ちする。裁断する革が厚いため、裁断線の外側を一旦粗裁ちし、その後に裁断線で裁断する

32 持ち手の両端の余分を裁断する。芯の両端のステッチから45mmの位置に印を付け、付けた印の位置に丸ギリで裁断線を引く

33 32で引いた裁断線に従い、持ち手の両端の余分を裁断する

側面のコバを磨く

両側面を化粧裁ちし、両端の余分を裁断することで、全側面のコバが整う

34 持ち手の表と裏、全側面にへり落としをかけてコバの角を軽く落とす。革包丁を使い、両端の角を僅かに裁ち落とす

35 400番の紙ヤスリで全側面のコバを一様に整え、ステッチと側面間の幅にズレがある場合は、ヤスリがけで修正する

36 整えたコバにコバ仕上剤を塗り、帆布等の布で磨き締める（布越しに爪をあて、コバの繊維を締めて固めるイメージで磨く）

37 400番の紙ヤスリでコバを軽く整え、表面を色ムラ無く均一に整える

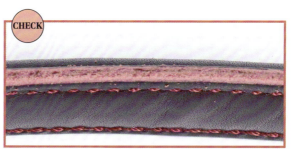

コバ仕上剤の皮膜を完全に落とし、写真のような状態に整える。次の工程で染料を塗るが、その前にコバ仕上剤でコバを磨き締め、染料が必要以上に革の繊維の間へ広がるのを抑えている

38 37で整えたコバに、アルコール系染料を均一に塗る

39 アルコール系染料を塗ったコバにコバ仕上剤を塗り、帆布等の布で磨く

持ち手の制作

40 紙ヤスリの番手を600番に変え、37〜39と同様にコバを磨く

41 フチ捻や玉捻等、金属製の線引き用工具をオイルランプの火で熱し、その先端にロウを熔かし付ける。熱し過ぎると革を焦がしてしまうため、1〜2秒触れた際に「熱い」と感じる、45〜60℃を目安に工具を熱する（ロウがジワッと熔ける程度）

42 熔かし付けたロウを磨いたコバに浸透させ、布で磨き上げる

43 全側面のコバを均一に磨けば、持ち手は完成。コバ磨きには様々な方法があるので、解説した方法以外に好みの方法があれば、自由に仕上げてもよい

内装の下準備

胴裏（片方）にAポケットとBポケットを付け、口元に胴見付を縫い合わせて、胴に合わせる直前の状態に仕上げる。

Bポケットの制作

01 Bポケットの裏（生地に表裏がある場合の裏）の短辺、端から14mmの位置に短辺と平行な線を引く。引いた線から短辺の端に向け、スリーダインを塗る

02 短辺の端を01で引いた線に合わせ、7mm幅をへり返して貼り合わせる

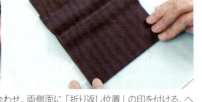

03 へり返した端を型紙の「へり返し線」に合わせ、両側面に「折り返し位置」の印を付ける。へり返した端を表にし、付けた印をつないで折り、Bポケットに底を設ける

ボックストート

04 へり返した端から10mm下の両側面に印を付ける

05 04で付けた印から底に向け、両側面を縫い代7mmで縫い合わせる。両側面を縫い合わせることで、02でへり返した短辺を表の口元とする袋状のポケットが完成する

胴裏に各ポケット口を縫い合わせる

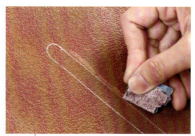

06 胴裏に型紙をぴったり合わせ、AポケットとBポケットの開口部をトレースして、各ポケット口を接着する際の糊代の目安となる枠を描く

07 06で描いた枠の外側、8mm程の範囲を紙ヤスリで荒らす

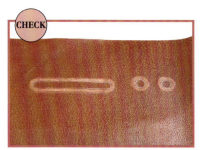

CHECK 枠の外側を写真のように荒らし、各ポケット口の接着面を設ける

08 Aポケット口とBポケット口の全側面にへり落としをかけ、コバの角を軽く落とす

09 Aポケット口とBポケット口とも、全てのコバにコバ仕上剤を塗って磨く

内装の下準備

10 AポケットロとBポケット口の床面に、内側の開口部を避け、革の内側から外側面に向けてスリーダインを塗る

11 07で荒らした各ポケット口の接着面に、スリーダインを塗る

12 06で描き表した枠に開口部を揃え、AポケットロとBポケット口を貼り合わせる

13 Bポケット口の内側面と外側面に1周、2.5mm幅の縫い線を引く

14 Aポケット口の内側面と外側面にも、2.5mm幅の縫い線を1周引く

15 13で引いた縫い線上に、菱目打で縫い穴をあける。直線部から縫い穴をあけ、両側面の曲線部は2本目の菱目打で縫い穴をあける

 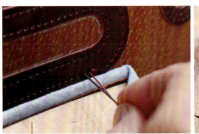 

16 Aポケット口の縫い穴は、全て2本目の菱目打で縫い穴をあける

17 AポケットロとBポケット口とも、外側面のみを縫い合わせる。直線部の端から縫い始め、縫い終わりの1目を重ねて2本の糸を裏に回し、裏で糸を焼き留めて始末する

ボックストート

AポケットロとBポケット口の外側面を縫い合わせた状態。革が伸びて形が歪む恐れがあるため、胴裏の各ポケット開口部を切り抜く前に、各ポケット口を縫い合わせる

18 Bポケット口の中央を軽く折り、胴裏の開口部の中心にハサミを入れて切り口を作る。切り口をきっかけに、胴裏の開口部を水平に裁断する

19 外側面のステッチの手前まで、仮留めの接着を剥がす

Bポケット口の内側面にあけた縫い穴のラインに合わせ、胴裏の開口部を切り抜く。胴裏のAポケット口の開口部も、同様に切り抜く
20

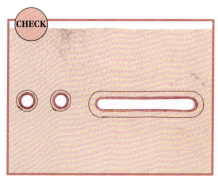

胴裏の各ポケット口を切り抜いた状態。各ポケット口の切り口を、**15〜16**であけた内側面の縫い穴のラインに揃える

胴裏に各ポケットを縫い合わせる

21 Bポケット口の下側、切り抜いた開口部の端からステッチまでの範囲にスリーダインを塗る。Bポケットの開口部の裏を折り返し、**02**でへり返した7mm幅の範囲にスリーダインを塗る

22 Bポケット口の下側へ、開口部のラインを揃えてBポケット口を貼り合わせる

内装の下準備

23 Bポケットの開口部の上側を折り返し、両面テープで仮留めする

24 Bポケット口の内側面の下側、直線部の両端の縫い穴に丸ギリを突き、貼り合わせたBポケット口と重なる（貫通する）縫い穴を確認する

25 24で確認した縫い穴間の縫い穴を丸ギリで突き、Bポケットに縫い穴をあける

26 24で確認した縫い穴間を縫い合わせる。端から目を重ねずに縫い始め、縫い終わりの2目手前から、裏の針1本で「8の字」に縫い進める

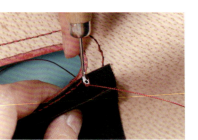

27 最後の目で縫い穴の内側に結び目を作り、結び目にサイビノール600を塗る

28 表と裏から糸を引き、結び目をしっかりと締める

29 サイビノールが硬化した後、表の糸を付け根ぎりぎりでカットし、糸の余分を縫い穴に収める

30 裏の糸を焼き留めで始末する

ボックストート

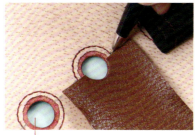  

31 Aポケットの凹曲部とAポケットの開口部を（双方の○を）揃え、Aポケットを垂直に合わせた状態で凹曲部左右のラインをトレースする（左写真）。トレースしたラインの下側（底側）、ステッチの周囲にスリーダインを塗る

32 Aポケットの床面、凹曲部の周囲にも、31でスリーダインを塗った範囲と同程度の範囲にスリーダインを塗る

33 31で合わせた時と同様に、Aポケットを胴裏に貼り合わせる

34 Aポケット口の内側面の下側、貼り合わせたAポケットと重なる範囲の縫い穴を丸ギリで突き、Aポケットに縫い穴をあける

35 26～28と同様にAポケットを縫い合わせ、表の糸の余分を縫い穴に収める

36 30と同様、裏の糸を焼き留めで始末する

CHECK

BポケットとAポケットの開口部下側を縫い合わせた状態。左写真は、右写真で折り返している（金槌で押さえている）Bポケットの裏（開口部上側）を折り返していない状態

89

内装の下準備

37 Bポケットの裏(開口部上側)の端に5mm幅の両面テープを貼り、剥離紙を剥がす

38 Bポケットの裏をまっすぐに伸ばして折り返し、端を胴裏に仮留めする

39 Aポケットをステッチ部で折り返し、下端を揃えて型紙を合わせる。両側面に「折り返し位置」の印を付ける

40 ステッチ部の折り返しを戻し、Aポケットを中表で合わせ、付けた印をつないで折って底を設ける

41 Aポケットのギン面、上端(台形の端)に5mm幅の両面テープを貼って剥離紙を剥がす

42 Aポケットを**40**と同様に折り、上端を胴裏に仮留めする

43 Bポケット口の縫っていない縫い穴を丸ギリで突き、裏に仮留めしたBポケットに縫い穴をあける

44 Aポケット口の内側面のステッチの両端のみを丸ギリで突き、他の縫っていない縫い穴を菱ギリで突いて、裏に仮留めしたAポケットに縫い穴をあける

ボックストート

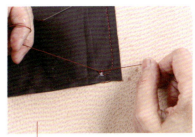

45 Bポケットの内側面上側を、下側のステッチにつなげて縫う。端から目を重ねずに縫い始め、縫い終わりは**26〜27**と同様に1本針で縫い、最後に表の針を1目戻して裏に通す

46 裏で2本の糸を結び、結び目をサイビノール600で固めて始末する

47 Aポケットの内側面上側も、**45〜46**と同様に縫い合わせる

48 Aポケットの側面より5mm内側、開口部の中心から底までの範囲に、側面と平行な縫い線を引く。反対側の側面にも、同様に縫い線を引く

49 **48**で引いた縫い線上に、菱目打で縫い穴をあける。底側は、端にかかる手前まで縫い穴をあける

50 開口部側から底へ向け、Aポケットの両側面を縫い合わせる。縫い終わりは2目戻って目を重ね、片側で糸を結んで始末する（サイビノール600を併用）。縫い合わせる革が薄いため、糸を締める力加減に注意する

51 **46**と**48**の糸を始末した箇所に、補強テープを貼り合わせる。残りのAポケットも、これまでの解説と同じ手順で胴裏に縫い合わせる

CHECK 胴裏にAポケットとBポケットを縫い合わせた状態

内装の下準備

胴裏と胴見付を合わせる

52 | 胴見付の長辺、床面に薄く漉きを入れた方のコバをコバ仕上剤で磨く

53 | 床面際の毛羽立ちを抑えるため、床面側からもコバを磨く

54 | 両短辺の端から5mmの位置に線を引き、線から外へ向けて先端ゼロで斜め漉きする

あらかじめ漉きを入れた短辺を、さらに先端ゼロで手漉きする

55 | 胴裏の床面、口元側の両端に、角を10mmの正方形に区切る線を引く(左写真)。線で区切った正方形の範囲内を、半分の厚み(0.5mm→0.25mm)に漉く

55で漉いた、胴裏の口元側の片端。複数の革が重なる角の厚みを抑えるため、このような細かい漉きを入れる

56 | 胴裏のギン面、口元から8mmの位置に、銀ペンで口元と平行な線を引く。口元の端に沿い、端から端まで3mm幅の両面テープを貼る

57 | 前胴に合わせる胴裏(ポケットを付けていない胴裏)の床面に型紙を合わせ、口元に「吊り布取付位置」の印を付ける

ボックストート

58 | 57で付けた印の間に、吊り布を3mm幅の両面テープで貼り合わせる

59 | 56で貼った両面テープの剥離紙を剥がす。52でコバを磨いた長辺を56で引いた線に揃え、胴見付を胴裏に仮留めする

前胴(ポケット口付き)と58で吊り布を付けた胴裏(写真の胴裏)の床面を、口元をぴったり揃えて合わせる。胴裏の口元を除く3側面を、前胴より1mm控えて(1mm内側に収まるように調整して)余分を裁断する。前項でポケットを付けた胴裏も、同様に余分を裁断する(胴裏は薄く伸びやすいため、裁断時の伸びを考慮して現物合わせで調整する必要がある)

60

61 | 胴裏に仮留めした胴見付の両端、底側の長辺から1〜2mm、側面から5mmの位置に印を付ける

62 | 61で付けた印の間を、縫い代1〜2mmでまっすぐ縫い合わせる

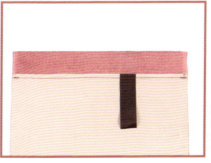

CHECK

前胴に合わせる胴裏に、胴見付を縫い合わせた状態。前項でポケットを付けた胴裏にも、同様にして胴見付を縫い合わせる

前胴にポケットを付ける

ポケット口のコバを磨き、胴ポケットを袋状に仕立てた後、ポケット口にファスナーと胴ポケットを縫い合わせる。

01 前胴の床面、切り抜いたポケット口の全側面から5mmの位置に線を引く

02 01で引いた線から切り口に向け、切り口の端が1.5〜1.6mm厚になるよう斜め漉きする

03 床面が毛羽立って漉きづらい場合は、床面仕上剤で毛羽立ちを抑えて漉く

04 ポケット口にへり落としをかけ、コバの角を軽く落とす。へり落としがかけられない角は、革包丁で一様に角を落とす

05 ポケット口のコバに400番の紙ヤスリをかけ、コバ仕上剤で磨き締める

06 磨き締めたコバを再び400番の紙ヤスリで整え、アルコール系染料を均一に塗る

07 コバ仕上剤を塗って磨き、ポケット口のコバを仕上げる

ボックストート

08 ポケット口の全側面に、2.5mm幅の縫い線を引く。工具では縫い線を引けない四角は、定規で縫い線を正確につなぎ、丸ギリで線をけがく

09 08で引いた縫い線の四角に、丸ギリで縫い穴をあける

10 09で四角にあけた縫い穴の間に、菱目打で均等に縫い穴をあける

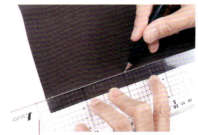

11 胴ポケットの裏の短辺、端から14mmの位置に短辺と平行な線を引く

12 11で引いた線から短辺の端に向けてスリーダインを塗り、短辺の端を11で引いた線に合わせ、7mm幅をへり返して貼り合わせる

13 長辺の両側面、12でへり返した端から190mmの位置に印を付ける

14 12でへり返した短辺を表に、13で付けた印をつないで折って底を設ける

15 へり返した端から10mm下の両側面に印を付け、印から底までの範囲を縫い代7mmで縫い合わせる

前胴にポケットを付ける

16 反対側の側面も、15で付けた印と底の間を縫い代7mmで縫い合わせる

完成した胴ポケット。前胴に取り付ける際は、写真では上に位置する口元を縦に合わせる

17 前胴の床面、ポケット口の両側面にスリーダインを塗る。10であけたポケット口の縫い穴から外に向け、7mm幅にスリーダインを薄く2回塗り重ねる

18 ファスナーの表、ファスナーテープの両側面5mm程に、スリーダインを薄く2回塗り重ねる

19 作業スペース（ビニール板等）の上に、7mm幅の両面テープでファスナー（務歯）をまっすぐに仮留めする

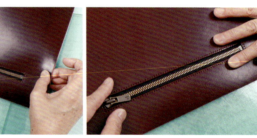

20 19で仮留めしたファスナーに、前胴を重ねて貼り合わせる。ファスナーの上止を前胴の口元側にし、ポケット口の内側に務歯を均等に収めて貼り合わせる

21 前胴を裏返し、ファスナーテープの内側面、端から5mm幅程にスリーダインを薄く2回塗り重ねる

22 胴ポケットのへり返し部、へり返した端を中心とする7mm幅程の範囲に、スリーダインを薄く2回塗り重ねる

23 ポケット口の際を指先で確かめ、胴ポケットのへり返した端をポケット口の際に揃えて貼り合わせる

24 胴ポケットの端とポケット口の際が揃っていることを確認する。表からポケット口の際に丸ギリを通し、その先端が裏に貼り合わせた胴ポケットの際に出ればOK。複数箇所で確認し、丸ギリの先端から離れていたり、重なる（貫通する）所があれば、貼り直して修正する

25 貼り合わせた箇所を手縫いする際に邪魔になるため、胴ポケットの裏（開口部外側）の端に5mm幅の両面テープを貼り、反対側に折り返して仮留めする

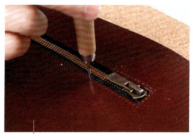

26 ポケット口の内側面の縫い穴を丸ギリで突き、胴ポケットに縫い穴をあける。菱目を崩さないよう、軽く突く

27 ポケット口の内側面を、端から端まで縫い合わせる。口元側の端から3つ目の穴を縫い始めとし、口元側の端まで縫った後に折り返し、端の2目を重ねる

28 底側の端で折り返し、端の1目を重ねる。重ねる目を締める際、縫い目にサイビノール600を塗って目を固める

29 表の針のみを裏へ通し、縫い始めの口元側と同様、端の2目を重ねる。裏に出た2本の糸を僅かに残してカットし、焼き留めで始末する

30 25で胴ポケットの裏に貼った、仮留めの両面テープを剥がす

前胴にポケットを付ける

31 ファスナーテープの外側面、端から5mm幅程にスリーダインを薄く2回塗り重ねる。ファスナーテープの外側面へ貼り合わせる胴ポケットの裏側面、端から10mm幅程にも、スリーダインを薄く2回塗り重ねる

32 胴ポケットの裏を伸ばし、31の各接着面を貼り合わせる

 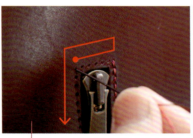

33 ポケット口の残りの縫い穴を丸ギリで突き、胴ポケットに縫い穴をあける。26と同様、菱目を崩さないように軽く突く

34 ポケット口の上端、左側の角の穴を縫い始めとし、反対側の角の穴まで縫った後に折り返し、ポケット口の上辺の目を全て重ねる。縫い始めの穴に戻った後は、底側の対角にある穴で縫い進め、再び折り返してポケット口下辺の目を全て重ねる

35 最後の1目を作る針のみを裏へ通し、裏で2本の糸を焼き留めで始末する

ポケットを付けた前胴の、表と裏の状態。ファスナーはアイキャッチとなる重要な部分なので、ポケット口と平行に、整然と揃えて合わせる

各胴に持ち手を付ける

各胴の裏に芯を合わせ、持ち手を両面カシメで固定した後に縫い合わせる。持ち手の取り付け方は、前胴と背胴とも共通。

両面カシメを革でくるむ

01 くるみ革の中心、直径9mm程を0.5mm厚に残し、端に向けて先端ゼロで斜め漉きする

02 01で漉きを入れたくるみ革を、60号のハトメ抜きで抜く。60号のハトメ抜きが無い場合は、周囲を裁って直径18mmの円形に整える

CHECK 両面カシメを合わせる中心のみ厚み（0.5mm厚）を残し、くるんで貼り合わせる周囲は可能な限り薄く漉く

 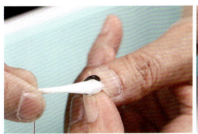

03 くるみ革の接着に用いるGクリヤーを、適当な台紙の上に少量取る

04 綿棒を使い、両面カシメの頭にGクリヤーを塗る。頭の表面だけでなく、側面にも薄くしっかりと塗り伸ばす

 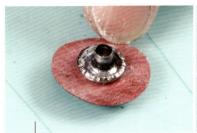 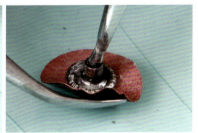

05 くるみ革の床面に、Gクリヤーを薄く塗り伸ばす

06 くるみ革の床面の中心に、両面カシメの頭を貼り合わせる。中心へ正確に貼り合わせたら、両面カシメの中心を押さえ（先細の工具等を使用）、モデラでくるみ革を起こしていく

各胴に持ち手を付ける

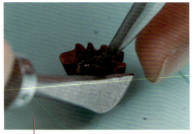

07 両面カシメの側面へ、起こしたくるみ革を寄せて貼り合わせる

08 くるみ革を両面カシメの側面でへり返し、両面カシメの裏に貼り合わせる。革の余分が重なるため、少しづつヒダを寄せ、両面カシメの裏の隙間へ丁寧に収める

09 モデラで革を圧着し、シワを伸ばして表面を整える

CHECK 両面カシメの頭を、くるみ革でくるんだ状態。足に合わせて固定する際、裏に革の余分がはみ出していると嵌合が悪くなるため、右写真のように整然と余分を収めておく

各胴に持ち手を縫い合わせる

10 胴の床面に「胴A」の型紙を合わせ、口元の中心に印を付ける

11 胴のギン面に「胴A」の型紙を合わせ、「カシメ取付位置」に印を付ける。型紙を丸ギリで突いた後、丸ギリの跡に銀ペンで印を付け、認識しやすくしておく

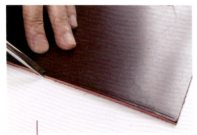

12 胴の口元に、3mm幅の縫い線を引く

13 12で引いた縫い線の両端を3mm空け、丸ギリで縫い穴の跡を付ける。両端に付けた跡の間に、菱目打で縫い穴の跡を付ける

14 胴芯の直線部に7mm幅の両面テープを貼り、剥離紙を剥がす

15 胴の床面、口元のラインから5mm間隔を空け、中心を揃えて胴芯を貼り合わせる

16 11で胴に付けた「カシメ取付位置」の印位置に、10号のハトメ抜きで穴をあける

17 持ち手に端を揃えて「持ち手印付け用」の型紙を合わせ、「カシメ取付位置」を丸ギリで突いて印を付ける。付けた印位置に定規をあて、持ち手の幅の中心に印を付け直す（※化粧裁ちやコバ磨きによって誤差が生じるため、現物合わせで正確に中心へ印を付ける）

18 17で持ち手に付けた「カシメ取付位置」に、10号のハトメ抜きで穴をあける

19 胴のギン面に「持ち手位置合わせ用」の型紙を合わせ、凹んだ側面（3辺）の3mm程度内側に、糊代の目安となる枠を描く（右写真参照）

20 19で描いた枠の内側を紙ヤスリで荒らし、持ち手の接着面を設ける（カシメ穴を上限に荒らす）

21 持ち手の裏、両端のカシメ穴の外側に、カシメ穴と側面から3mm、端から5mm空けて糊代の目安となる枠を描き、枠の内側を紙ヤスリで荒らす

各胴に持ち手を付ける

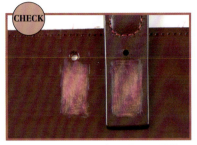

胴と持ち手の接着面を荒らした状態。必要以上に荒らさないように注意する

22 胴と持ち手の接着面に、スリーダインを薄く2回塗り重ねる

23 19と同様に「持ち手位置合わせ用」の型紙を合わせ、凹んだ側面に3辺を正確に揃えて持ち手を貼り合わせる

24 胴の裏からカシメ穴に両面カシメの足を通し、表から両面カシメの頭を合わせる

25 カシメ（裏の足）の表面を潰すため、メタルプレート（打ち台）の平面を下にあて、カシメをカシメ打ちで固定する

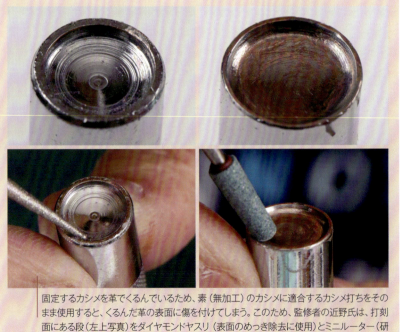

固定するカシメを革でくるんでいるため、素（無加工）のカシメに適合するカシメ打ちをそのまま使用すると、くるんだ革の表面に傷を付けてしまう。このため、監修者の近野氏は、打刻面にある段（左上写真）をダイヤモンドヤスリ（表面のめっき除去に使用）とミニルーター（研削加工に使用）でなだらかな皿状（右上写真）に拡大したカシメ打ちを使用している

ボックストート

26 持ち手の片端をカシメで固定したら、反対側も**23**～**25**と同様に固定する

27 左の図で表した4ヵ所に、丸ギリで印を付ける

28 **27**で付けた印をつなぎ、カシメ側を除く3側面に2.5mm幅の縫い線を引く

29 カシメ側の印を定規でつなぎ、丸ギリで縫い線をけがく

27～**29**の工程で、カシメの下側に写真のような縫い線を引く

30 **27**で付けた4ヵ所の印位置に、丸ギリで縫い穴をあける

31 **30**であけた縫い穴の間に、菱目打で均等に縫い穴の跡を付ける。続けて、菱目打で付けた跡を菱ギリで突き、縫い穴を貫通させる

103

各胴に持ち手を付ける

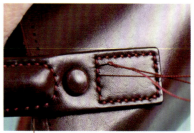

32 口元側の角から2つ目の縫い穴を縫い始めとし、縫い線が表す長方形の上辺を縫う方向に縫い進める

33 縫い始めまで縫い終えたら、縫い始めの先で2つ目を重ね、次の3目目を作る表の針のみを裏に通す

34 裏で2本の糸を結び、結び目をサイビノール600で固める。糸を1度結んだ後、もう1度結び目を作り、サイビノール600で固める（二重に固結びする）

35 サイビノールが硬化した後、糸の付け根を5mm程残してカットする

36 カットした糸の付け根に補強テープを貼る。反対側の持ち手も、**27〜35**と同様に縫い合わせる

CHECK

胴に持ち手を取り付けた状態。付け根の裏に芯を用い、カシメとステッチを併用して固定することで、取付部の強度を充分に確保している

ボックストート

根革の制作

各種の下準備を施した後、Dカンを合わせて貼り合わせる。持ち手と同様にコバを磨き、存在感のある根革を仕上げる。

01 根革の床面の中心(下記CHECK参照)に、18mm幅の補強テープを貼る

CHECK 根革の床面に補強テープを貼った状態。補強テープの両端を、側面から3mm程控えた位置(写真上の赤線部)に揃える

02 根革のギン面、床面を漉いていない方の剣先に穴位置を印した型紙を合わせ、4つの穴位置を丸ギリで突いて印を写す

03 02で付けた4つの印をつなぎ、銀ペンで写真のような枠を描く

04 03で描き表した枠の内側を、紙ヤスリで荒らす

05 根革のギン面、床面を漉いた方の剣先の側面に、2.5mm幅の縫い線を引く

06 05で引いた縫い線の両端、根革中央の凹曲部から3mmの位置に丸ギリで印を付ける。剣先の頂点、縫い線が交わる位置にも丸ギリで印を付ける

根革の制作

07 根革中央の凹曲部にへり落としをかけ、角を軽く落とす

08 胴のポケット口と同様に、凹曲部のコバを染色して磨く。Dカンを付けた後では磨けないため、この時点で凹曲部のコバを確実に磨いておく

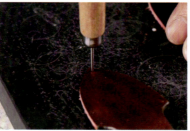

09 06で縫い線上に付けた印を丸ギリで突き、縫い穴をあける

10 09であけた縫い穴の間に、菱目打で均等に縫い穴をあける

床面を漉いた方の剣先に、縫い穴をあけた状態

11 根革の床面、凹曲部の間を除く（凹曲部の両端を目安にする）全面にスリーダインを薄く2回塗り重ねる

12 根革の凹曲部に、写真のように根革を僅かに曲げてDカンを合わせる

13 根革を凹曲部で折り曲げ、先端と側面をぴったり揃えて貼り合わせる

ボックストート

14 | 貼り合わせた根革を、指先で圧着する

15 | 縫い穴をあけた剣先を表にし、縫い穴の外際をモデラで圧着する。さらに、縫い穴の外際を裏へ折り返すイメージで、エンマヤットコで圧着する

CHECK

Dカンを収めて貼り合わせた根革。15の圧着により床面に入れた漉きの効果が強調され、縫い穴の内側に自然な膨らみを出すことができる

16 | 縫い穴をあけた表の側面にへり落としをかけ、角を軽く落とす

17 | 剣先の先端は、へり落としでは角をきれいに落とし切れないため、革包丁で整える（中写真の状態を、右写真の状態にする）

18 | 持ち手のコバと同じ要領で、根革のコバを仕上げる

19 | 残りの根革も同様に仕上げる。以上で、マチに合わせる根革は完成

根革の取り付け

横マチの口元側に根革の接着面を設け、前項で制作した根革を取り付ける。縫い穴を正確に揃える工程が重要となる。

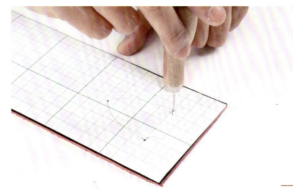

01 横マチのギン面に型紙を合わせ、3ヵ所の「根革取付位置」を丸ギリで突いて印を写す。丸ギリの跡に銀ペンで印を付け、認識しやすくしておく。型紙を合わせる際は、口元側と底側を間違えないように注意する（切り込みを入れた短辺が底側）

02 01で付けた3つの印に剣先の各頂点（3点）を揃え、根革の型紙を合わせる。4つの穴位置を丸ギリで突いて印を写す

03 02で付けた4つの印をつなぎ、銀ペンで左写真のような枠を描き表す。枠の内側を紙ヤスリで荒らし、根革の接着面を設ける

04 横マチの床面へ01と同様に型紙を合わせ、3ヵ所の「根革取付位置」を写す

05 04で写した3つの印を参照し、剣先を全てカバーする範囲に補強テープを重ねて貼る（※01と04で付けた印は表裏で同じ位置にあるため、表で右写真のように根革を合わせると想定し、3つの印を参照して補強テープを貼る）

06 前項で根革（片方の剣先）にあけた縫い穴のうち、丸ギリであけた3つの穴（各頂点）を丸ギリで、菱目打であけた残りの穴を菱ギリで突き、縫い穴を貫通させる

07 根革の裏に、側面の縫い穴を避けて5mm幅の両面テープをT字に貼る

ボックストート

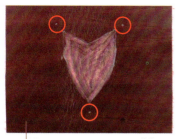

08 横マチに根革を仮留めする。01で写した3つの印に根革の各頂点(3点)を重ね(印が隠れるように重ねる)、07で貼った両面テープで根革を仮留めする。根革の各頂点を重ねる際は、剣先の先端を先に重ね、次にバランスを見ながら口元側の2点を平行に揃えて重ねる

09 06で貫通させた縫い穴を丸ギリで突き、横マチに縫い穴の位置を写す

10 09で写した縫い穴位置に、菱目打で縫い穴をあける

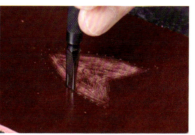

11 07〜10の工程で、横マチに根革と同じ縫い穴をあける

12 紙ヤスリで荒らした横マチと根革の接着面に、スリーダインを塗る

13 剣先頂点の縫い穴に手縫い針を通す

14 13で通した針を横マチの対応する縫い穴に通し、口元側の2点にも同様に針を通す。根革と横マチの縫い穴位置を正確に揃えた状態で、貼り合わせた根革を圧着する

15 縫い穴の位置合わせに通した、3本の手縫い針を抜く

根革の取り付け

16 Dカン側の端から4つ目の縫い穴を縫い始めとし、Dカン側に向けて3目を縫い合わせる。縫う距離は短いが、縫い合わせる革に厚みがあるため、糸はできるだけ長めに取っておく

17 Dカン側の端で折り返す。目が重なる箇所は針を通しづらいため、ステッチを避けて丸ギリを通し、針のガイドにする

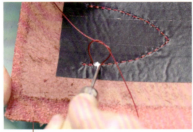

18 反対側の端で再び折り返し、2目を重ねて縫った後、3目目を作る表の針のみを裏に通す

19 裏で2本の糸を結び、結び目をサイビノール600で固める。糸を1度結んだ後、もう1度結び目を作り、サイビノール600で固める

20 サイビノールが硬化した後、糸の付け根を5mm程残してカットする

21 カットした糸の付け根に補強テープを貼る

22 根革の外側に銀ペンの印が表出している場合は、銀ペン消しゴムで落とす

以上で、根革の取り付けは終了。反対側の根革も、同様に取り付ける

通しマチの制作

底マチに裏、横マチに裏と見付を貼り合わせ、胴に合わせる側面を起こしてそれぞれを縫い合わせ、通しマチを完成させる。

底マチに裏を貼り合わせる

01 底マチの床面に型紙をぴったり合わせ、全側面に中心の印を付ける

02 底マチ芯に型紙を合わせ、全側面に中心の印を付ける

03 各側面に付けた中心の印を揃え、底マチの床面に底マチ芯を貼り合わせる。接着芯以外の芯材を使用する場合は、接着面に接着剤を塗る

04 底マチ芯を貼り合わせた底マチを、表と裏から手で圧着する

05 底マチの床面、両長辺の端から7mmの位置に長辺と平行な線を引き、引いた線上をモデラでなぞって筋を入れる

06 底マチのギン面、両長辺の端から7mmの位置に長辺と平行な筋を入れる（線は引かず、定規をあてて筋のみを入れる）

07 **05**で床面に入れた筋上に、絵筆等で薄っすらと、ギン面へ染み出さない程度に水を含ませる

通しマチの制作

08 | 06で底マチのギン面に入れた筋に定規をあて、端から7mm幅の側面を内側に向けて起こす。モデラを使い、定規へ押しあてるように全側面を起こして折り目を付ける

09 | 側面の折り目をビニール板の角に合わせ、写真のようにガラス板の面をあてて均等に折りグセを付ける

CHECK 05〜09の工程で、底マチの両長辺を写真のように起こして折りグセを付ける

10 | 底マチの両短辺にへり落としをかけ、アルコール系染料で染色してコバを磨く

11 | 底マチ裏のギン面、両短辺の中心に銀ペンで印を付ける

12 | 底マチの床面、全側面の端から15mmの位置に各側面と平行な線を引く。底マチ裏の床面にも、全側面の端から15mmの位置に各側面と平行な線を引く

13 | 底マチと底マチ裏とも、12で引いた線から外側面へ向け、スリーダインを薄く2回塗り重ねる

14 | 底マチの床面を表に置き、両長辺が接触しないように間へ紙を挟んだ状態で、底マチ裏の短辺を貼り合わせる。それぞれの短辺の中心を揃え、底マチ裏の端を底マチから1mm控えて短辺を貼り合わせる。反対側の短辺も同様に、底マチから1mm控えて貼り合わせる

ボックストート

15 両短辺のみを貼り合わせた底マチを返し、挟んだ紙を外しながら両長辺を起こして貼り合わせる。この時、底マチ裏の端を底マチの端から、1.5mm程度控えて貼り合わせる

16 貼り合わせた両長辺にガラス板の面をあて、折りグセを付けながら圧着する

横マチに裏と見付を貼り合わせる

17 05〜09と同じ要領で、横マチの両長辺を起こして折りグセを付ける。幅が広い定規を使うと根革に干渉するため、へり裁ち棒をあてて両長辺を起こす

18 横マチのギン面、底側の切り込みの付け根を定規でつなぎ、06と同様にモデラで筋を入れる

19 横マチの床面にも、底側の切り込みの付け根を定規でつないで筋を入れ、07と同様に筋上へ、薄っすらとギン面へ染み出さない程度に水を含ませる

20 18〜19で入れた筋で、切り込みの内側を床面側に起こす

21 19で床面に入れた筋に定規をあて、20で起こした側面にモデラを押しあてて折り目を付ける。付けた折り目にガラス板の面をあて、均等に折りグセを付ける

CHECK 17〜21の工程で、横マチの口元側を除く3辺に、写真のような折りグセを付ける

22 横マチ見付の床面を手漉きする。写真の状態（事前に漉きを入れた長辺が下）の両側面、斜線で表した10mm幅を先端ゼロで斜めに漉き、その内側の赤で着色した箇所を、可能な限りゼロに近付けて薄く漉く

23 22の写真で、斜線で表した箇所を先行して、先端ゼロで斜めに漉く

24 23で漉いた箇所につなげる形で、22の写真に着色して表した箇所を漉く

25 横マチ裏の床面、片方の短辺の両角10mm四方を、先端ゼロで薄く漉く

横マチ見付と横マチ裏を写真のように合わせるため、23〜25の手漉きにより、複数の革が重なる箇所の厚みを抑える。写真上に斜線で表した箇所が24と25で漉く箇所に該当するので、双方を写真のように重ね、その周囲と厚みが均等になるように漉く

26 横マチ見付の床面、漉きを入れた長辺の端から10mmの位置に、長辺と平行な線を引く

27 横マチ見付の床面、漉きを入れた長辺の中心に、26で引いた線に交差する印（線）を付ける

28 横マチ見付の床面、漉きを入れた長辺のコバを磨く

29 | 横マチ裏の床面、25で両角を漉いた短辺の中心に印を付ける

30 | 横マチ裏のギン面、29で印を付けた短辺の端に3mm幅の両面テープを貼る。横マチの床面、26で引いた線に端を揃え、27と29で付けた中心の印位置を揃えて貼り合わせる

31 | 30で貼り合わせた箇所の表（横マチのギン面）、横マチ裏の両側面から5mm内側の位置に銀ペンで印を付ける

32 | 31で付けた印の間を、縫い代2mm程度で縫い合わせる

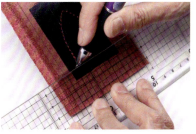

33 | 横マチの床面、口元側を除く3側面の端から15mmの位置に、各側面と平行な線を引く。同じく横マチの床面、口元側の側面から30mmの位置に、側面と平行な線を引く。ここで引いた各線の外側が、横マチ裏と横マチ見付を貼り合わせる際の接着面となる

34 | 横マチ裏と横マチ見付の床面へ、33と同様に線を引いて接着面を表す

35 | 33と34で表した各接着面に、スリーダインを薄く2回塗り重ねる。それぞれの口元側と底側の中心に、銀ペンで中心の印を付ける

36 | 横マチの口元側の中心に、銀ペンで中心の印を付ける

通しマチの制作

37 | 横マチ裏の床面を表に置き、両側面が接触しないように間へ紙を挟んだ状態で、横マチの口元側の短辺、両側面の起こした箇所を除く範囲を貼り合わせる。それぞれの短辺の中心と端を揃えて貼り合わせる

38 | 横マチを底側へ向けて伸ばし、底側の短辺の中心を揃えて貼り合わせる（設計上余分が出るため、端は揃えない）

39 | 15と同様にして、挟んだ紙を外しながら横マチの両側面を起こして貼り合わせる。横マチ裏の端を横マチの端から1.5mm程度控え、横マチ見付の端は横マチの端から余らせて貼る

40 | 横マチ裏の底側の余分を、横マチの底側のラインに沿って裁ち落とす

41 | 横マチの底側、2ヵ所の切り込みに刃を入れて横マチ裏を裁断し、切り込みの内側を横マチ裏側に起こして折りグセを付ける

42 | 横マチの両側面にはみ出した横マチ見付の余分を、横マチの側面のラインに沿って裁ち落とす

各横マチと底マチを縫い合わせる

43 | 底マチの両短辺、起こした折り目の間に2.5mm幅の縫い線を引く

44 | 43で引いた縫い線上に、菱目打で縫い穴の跡を付ける。折り目の際に菱目打の端の刃をあててアタリを付け、1目内側へずらした位置から跡を付ける

ボックストート

縫い穴の跡を付けた、底マチの短辺。起こした折り目の間に、均等に縫い穴の跡を付ける

45 横マチの底側、**41**で起こした切り込み間の端から5mmの位置に線を引く

46 **45**で引いた線の外側を紙ヤスリで荒らし、底マチを合わせる接着面を設ける

47 底マチの裏の両短辺、起こした箇所を除く端から5mmの位置に線を引き、線の外側を紙ヤスリで荒らして接着面を設ける

48 横マチの裏の両長辺、起こした端から4mmの位置に線を引き、線の外側を紙ヤスリで荒らす。底マチの裏の両長辺も同様に、起こした端から4mmの位置に線を引き、線の外側を紙ヤスリで荒らす。ここで荒らす各接着面は、後に胴を合わせる際の接着面となる

49 底マチの両短辺の中心に印を付ける

50 **46**で荒らした、各横マチの底側の短辺の中心に印を付ける

51 ネジ捻を3mm幅にセットし（解説が前後するが、p.122の**01**と同じ方法でセットする）、横マチと底マチの両長辺へ写真のように線を引く。ここで引く線は、後で胴に合わせた後、胴側から突き目をして縫い穴をあける際の目安線となる

117

通しマチの制作

52　46と47で設けた横マチと底マチの各接着面に、スリーダインを薄く2回塗り重ねる

53　49と50で付けた中心の印を揃え、横マチの上に底マチを重ねて貼り合わせる

54　45で引いた線の上に底マチの端を重ね、線を隠してまっすぐに貼り合わせる。横マチの両側面、切り込みの外側の起こした箇所へは底マチを重ねず、写真のように底マチの上側へ逃しておく

55　横マチと底マチを貼り合わせたら、44で底マチに付けた縫い穴の跡を菱ギリで突き、横マチまで縫い穴を貫通させる

56　端から4つ目の縫い穴を縫い始めとし、端まで縫った後に折り返して端の3目を重ねる

57　反対端で再び折り返し、縫い始めと同様に3目を重ね、サイビノール600で縫い終わりの目を固める

CHECK

横マチと底マチを縫い合わせた状態。糸の余分はサイビノールが硬化した後、ぎりぎりでカットし、穴に埋めて始末する

58　残りの横マチも52〜57と同様、接着剤で仮留めした後に縫い穴を貫通させ、写真のように縫い合わせる

ボックストート

2つの横マチと底マチを縫い合わせた状態

59 各横マチの口元側の短辺に、3mm幅の縫い線を引く

60 59で引いた縫い線上に、菱目打の跡を付ける。44と同じ要領で、折り目の際に菱目打の端の刃をあててアタリを付け、1目内側へずらした位置から均等に跡を付ける

61 60で付けた縫い穴の跡を菱ギリで突き、縫い穴をあける

各胴に内装を合わせる

ポケットを設けた前胴に吊り布を合わせた内装、残りの背胴にポケットを設けた内装を合わせる。基本的な手順は共通。

各胴の床面、口元を除く3側面の端から1mmの位置に、各側面と平行な線を引く

01

02 前胴の床面を表に置き、対応する内装（吊り布付き）の口元を除く3辺を1mm控え（**01**で引いた線を目安にする）、口元をぴったり揃えて重ね合わせる。口元側の中央をウエイトで押さえる（右写真）

03 合わせた位置がずれないように内装をめくり、内装の裏に付けた吊り布と胴ポケットが合わさる位置を確認する

119

各胴に内装を合わせる

04 03で確認した位置で吊り布を固定し、胴ポケットに重なる吊り布の周囲をトレースする

05 吊り布の裏、胴ポケットへ重ねる端に3mm幅の両面テープを貼り、剥離紙を剥がす

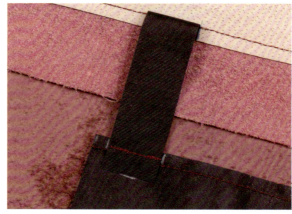

06 吊り布の端を、03〜04と同様に胴ポケットへ合わせて仮留めする

07 胴ポケットのステッチの外側で、仮留めした吊り布を縫い合わせる。02からここまでの工程は、ポケットを設けた前胴のみで行ない、以降の工程は前胴と背胴とも共通

08 胴の床面、口元を除く3側面の端から15mmの位置に、各側面と平行な線を引く。同じく胴の床面、口元側の側面から30mmの位置に、側面と平行な線を引く。ここで引いた各線の外側が、内装を貼り合わせる際の接着面となる

09 内装の床面へ08と同様に線を引き、胴の接着面に対応する接着面を表す

10 08で表した接着面に、スリーダインを薄く2回塗り重ねる。口元に接着剤を塗る際は、持ち手に接着剤を付けないよう、適当な紙で持ち手の上をカバーする

11 10と同様、内装の接着面にもスリーダインを薄く2回塗り重ねる

ボックストート

12 | 胴の床面を表に置き、口元以外の接着面を適当な紙でカバーする

13 | 内装を合わせて口元の中心と端（口元のライン）を揃え、持ち手の端から端までの間に胴見付を貼り合わせる

14 | 胴見付の両側面を、01で引いた線を目安に胴から1mm控えて貼り合わせる

15 | 両側面から持ち手の端までの間を、余分を自然にいせ込み（ギャザーを寄せて自然に収める）ながら貼り合わせる

16 | 12で合わせた紙をずらしつつ、内装の残りの3側面を01で引いた線を目安に、胴から1mm控えて貼り合わせる。まずは片方の底側の角を貼り合わせ、底から口元までの範囲を自然にいせ込みながら貼り合わせる

17 | 反対側の底側の角と側面を貼り合わせた後、底の側面を貼り合わせる

CHECK

口元を除く3側面を1mm控え、内装を胴に貼り合わせた状態（写真は背胴）。内装の3側面を1mm控えたのは、マチと縫い合わせた後にコバを磨く際、裏に使ったアメ豚（豚革）が悪影響（紙ヤスリで整える際、いつまでも粉状になって表出する等）を及ぼす可能性があるため

各胴に内装を合わせる

18 胴と内装を正確に貼り合わせたら、エンマヤットコで各接着面を圧着する

19 残りの胴と内装も、**08**〜**18**と同様にして貼り合わせる

各胴に内装を合わせた状態。次の工程では、前項で制作した通しマチと本項で制作した前後の胴を合わせ、本体を完成させる

胴と通しマチを合わせる

通しマチと片方の胴を貼り合わせた後に縫い合わせ、残りの胴を縫い合わせて本体を完成させ、仕上げにコバを磨く

胴と通しマチを縫い合わせる

01 各胴のギン面、口元以外のいずれかの側面から3mmの位置に、丸ギリでごく小さく印を付ける。付けた印を基準に、ネジ捻を3mm幅にセットする

02 01の方法で3mm幅にセットしたネジ捻を使い、各胴の口元を除く3側面に縫い線を引く

03 口元両端の縫い穴から1目ずらし、底へ向けて縫い線上に縫い穴の跡を付ける

ボックストート

04 底の手前で縫い穴の間隔を調整する。底の両角に丸ギリで跡を付け、付けた跡まで間隔を調整して縫い穴の跡を付ける。続けて底の両角の間にも、縫い線上に縫い穴の跡を付ける

05 通しマチを貼り合わせる前に、各胴の口元に付けた縫い穴の跡を菱ギリで突き、縫い穴をあける

06 各胴の裏、口元を除く3側面の端から4mmの位置に、適度に間隔を空けて数ヵ所に付ける。付けた印を定規でつないで線を引き、線の外側(主に貼り合わせた裏=アメ豚)を紙ヤスリで荒らして接着面を設ける

07 通しマチの裏を表に広げて置き、底マチに四角を揃えて型紙を合わせる

08 型紙を参照し、底マチの両長辺に中心の印を付ける。通しマチの表にも同様に型紙を合わせ、底マチの両長辺に中心の印を付ける

09 各胴の表と裏に型紙を合わせ、底(側面)の中心に印を付ける

10 片方の胴の06で設けた接着面に、スリーダインを薄く2回塗り重ねる。1mm控えた段差部にも、確実に塗る

11 通しマチの片側面、p.117の48で設けた接着面にスリーダインを薄く2回塗り重ねる。10の胴と同様、1.5mm控えた段差部にも確実に塗る

123

胴と通しマチを合わせる

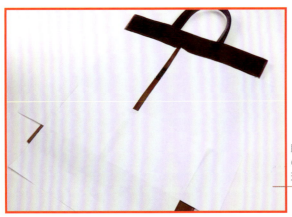

12 胴の裏を表に置き、口元の見付以外の接着面を適当な紙でカバーする

13 横マチの口元の両端、どちらか一方の角を、胴の対応する口元の角にぴったり揃えて貼り合わせる

14 13の角に続けて、端をぴったり揃えて胴と横マチの見付のみを貼り合わせる

15 口元の反対側の角を貼り合わせ、14と同様に見付のみを貼り合わせる

16 横マチの底側の角（切り込みにより浮いた箇所）を、胴の対応する底側の角にぴったり揃えて貼り合わせる。角を貼り合わせた後、角から口元に向かう側面を50mm程、端をぴったり揃えて貼り合わせる

17 16の角から口元の見付までの側面を、端をぴったり揃えながら貼り合わせる

18 16〜17の反対側の側面も、同様にして貼り合わせる。各側面を合わせる際に余分が出る場合は、いせ込むか革を伸ばすかの、どちらかの方法で調整する

19 両側面を貼り合わせた後、底の中心を揃えて貼り合わせる

ボックストート

20 底の中心から両側面の角までの範囲を、両側面と同様に貼り合わせる

21 片方の胴と通しマチの3側面全てを貼り合わせたら、エンマヤットコで胴の面を平らに伸ばす方向に圧着する

22 通しマチを貼り合わせた口元両端の縫い穴に丸ギリを突き、通しマチまで貫通させる

23 22の縫い穴から底側へ向け、3つの縫い穴に菱ギリを突いて通しマチまで貫通させる

24 23で貫通させた4つ目の縫い穴を縫い始めに、口元までの3目を縫う。口元で折り返し、口元側面の3目を重ねる

25 24の3目目以降は、菱ギリで1目ずつ突き目をしながら縫い進める

底の両角の切り込み部は、菱ギリの先を切り込みへ出さないように調整し、可能な限り切り込みに目を渡して縫う

26 途中で糸を接ぎつつ、縫い始めの反対側の口元まで縫う。縫い終わりも3目重ね、サイビノール600で目を固める

片方の胴と通しマチを縫い合わせた状態

胴と通しマチを合わせる

27 | 残りの胴の接着面に、**10**と同様にしてスリーダインを塗り重ねる

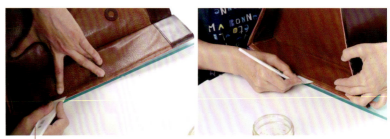

28 | 残りの胴を合わせる通しマチの接着面に、**11**と同様にスリーダインを塗り重ねる。反対側に胴を合わせて自由が効かないため、写真のように位置を変えながら確実に塗る

29 | **12**と同様に胴の裏を表に置き、口元の見付以外の接着面を適当な紙でカバーする

30 | **13～15**と同様、胴と横マチの見付のみを先に貼り合わせる

31 | **16**と同様、底の両角を貼り合わせる

32 | **17**と同様に、底の角から口元の見付までの側面を、端をぴったり揃えながら貼り合わせる

33 | **19**と同様、底の中心を揃えて貼り合わせる

34 | **20**と同様にして、底の中心から両側面の角までの範囲を貼り合わせる。3側面全てを貼り合わせたら、**21**と同様にエンマヤットコで接着面を圧着する

ボックストート

35 口元両端の縫い穴を丸ギリで貫通させ、底側に向かう3つ目の縫い穴までを菱ギリで貫通させる。口元両端の穴をあける際は、左写真のようなコルクブロックがあると便利

36 24〜26と同様に、貼り合わせた全側面を突き目しながら縫い合わせる

37 26で縫い終わりの目に塗ったサイビノールが硬化したら、糸を付け根ぎりぎりでカットし、残った糸を縫い穴に収めて始末する。36の糸もサイビノールの硬化後、同様に始末する

38 横マチの口元を、両端の3目を重ねて縫い合わせる（次の39〜40を参照）

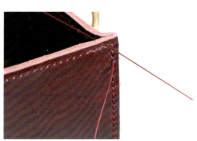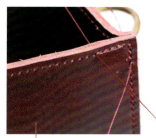

39 胴の口元も、両端の3目を重ねて縫い合わせる。胴の口元のステッチは側面のステッチと離すため、端から5つ目の縫い穴を縫い始めとし、端の1つ手前の縫い穴まで縫い合わせる

40 端の手前で折り返し、3目を重ねる。反対側も端の手前で折り返し、3目を重ねて糸を始末（37と同様）する

全側面のコバを磨く

41 本体の全側面のコバに、両面からへり落としをかけて角を落とす。へり落としの代わりに、豆カンナで角を落としてもよい

42 へり落としをかけたコバを紙ヤスリで整え、床仕上剤で一様に磨き締める

胴と通しマチを合わせる

43 磨き締めたコバを、再び紙ヤスリで整える。磨きの手順は、持ち手のコバと同様

44 整えたコバをアルコール系染料で着色し、再び床仕上剤で磨く

45 43〜44の工程を満足な仕上がりが得られるまで繰り返し、仕上げにロウを浸透させて磨く。ここではコバへ直接ロウを擦り込み、適度に熱した工具をあてて擦り込んだロウを熔かし、コバへ浸透させている

CHECK 41〜45の手順で磨いたコバ。全側面のコバを磨けば、本体は完成となる

ショルダーの制作

ナスカンと剣先を両端に設けたショルダーAと、美錠とナスカンを両端に設けたショルダーBを制作し、双方を接続する。

01 ショルダーA表の床面、剣先の反対端（端部を垂直に裁断した方）の端から35mmの位置の両側面に印を付ける。ナスカンを右写真のように通し、付けた印位置に合わせる

02 01で付けた印の位置で端を折り返し、折り返した端と並ぶコバに銀ペンで印を付ける

03 02の折り返した状態を保ったまま、ショルダーA裏の端をナスカンの付け根に揃えて合わせる（左写真参照）。ショルダーA裏を合わせた状態で、02の折り返した端と並ぶコバに印を付ける

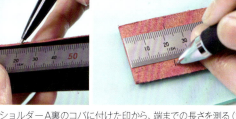

04 ショルダーA表の、ナスカンの付け根(革が分かれる所)のコバに印を付ける

05 03でショルダーA裏のコバに付けた印から、端までの長さを測る(左写真)。ショルダーA裏の床面、測った長さの位置に印を付けて線を引く(中写真)。ショルダーA表の床面にも、02と04でコバに付けた3つの印までの長さの位置に線を引く(右写真)

06 ショルダーA表とショルダーA裏とも、一番端の線から端部に向け、先端ゼロで斜め漉きする。両端をそれぞれの線に合わせて重ねた際、ショルダー革1枚の厚みになるように漉く

07 ショルダーA表の床面の中心に、18mm幅の補強テープを貼る。剣先の幅が変わる部分からテープを貼り始め(左写真)、ナスカンを取り付ける側の端から5mm控えて裁断する(右写真)

08 ショルダーA表のナスカン側、補強テープの上に05で引いた線を引き直す。03と同様にショルダーA表とショルダーA裏を重ね、ショルダーA表の、ショルダーA裏の端が合わさる位置に印を付ける

09 ショルダーA表のギン面、08で付けた印から端までの範囲を紙ヤスリで荒らす(印も荒らす)。ショルダーA表のナスカン側を02と同様に折り返し、端が合わさる床面に線を引く

10 左写真は09までの工程を終えた、ショルダーA表のナスカン側。ナスカンを取り付けた後では磨けないため、04で付けた印の間(ナスカンの稼動部)のコバを磨く

11 ショルダーA表の床面、折り返して接着する面(端から09で引いた線までの範囲)にナスカンの稼動部を避けてスリーダインを塗り、ナスカンを合わせた上、折り返して貼り合わせる

ショルダーの制作

12 ショルダーA表の床面全面と、09で荒らした面にスリーダインを2回塗る

13 ショルダーA裏の床面全面にスリーダインを2回塗り、ショルダーA表のナスカンの付け根（折り返し部の接着面の際）に端を揃えて貼り合わせる。始めに端を正確に合わせ、ショルダーA裏の接着面を表に置き、その上へショルダーA表を重ねて貼り合わせる（間に紙を挟み、少しずつずらして中心に揃えながら貼る）

14 剣先まで貼り合わせ、ショルダーA表の両側面をモデラで圧着する（両側面を圧着することで、漉きと補強テープによる厚みの差が際立つ）

15 ショルダーA表の側面のラインに沿い、ショルダーA裏の余分を化粧裁ちする

16 ショルダーAの両側面、ナスカンの付け根から2mmの位置に印を付け、付けた印位置から剣先に向け、3mm幅の縫い線を引く

17 16で引いた縫い線上に、菱目打で縫い穴の跡を等間隔に付ける

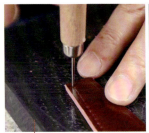

18 剣先の両角は、丸ギリで跡を付ける

19 ナスカン側の両端の跡を丸ギリで突き、ショルダーA裏の端に先がかからないか確認。菱ギリで突き目をする際に端へかかりそうな場合は、丸ギリで穴をあける

130

ボックストート

20 19の確認で問題が無ければ、端の縫い穴から菱ギリを突き、全ての縫い穴を貫通させる。18で丸ギリを突いた剣先の両角は、丸ギリで縫い穴を貫通させる

21 ナスカン側の端から4つ目の穴を縫い始めとし、端の3目を重ねて全側面を縫い合わせる

左写真は、19で確認したナスカン側の裏。ショルダーA裏の端を菱目打の刃で突き破らず、写真のようにまたいで縫う

22 さる革表とさる革裏の床面、全面にスリーダインを塗る

23 さる革裏の内側にさる革表を収めて貼り合わせる。貼り合わせる際、さる革表のギン面を湾曲させ、モデラで中心部に折りグセを付けながら圧着する

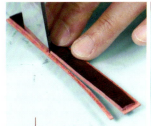

24 さる革表の側面に沿い、さる革裏の余分を化粧裁ちする

25 さる革の両端を10mm重ねて輪にするため、重ねる箇所を割り出して余分を裁断する。ショルダーAを軽く折り曲げて2枚重ねにし、若干の余裕を持たせてさる革で巻き、さる革の内側の端と並ぶコバに印を付ける（左写真）。付けた印から10mm外側（端側）に印を付け、その印位置で余分を裁断する

26 10mm重ねる箇所を、重ねた際に1枚の厚みになるよう、斜めに漉く

ショルダーの制作

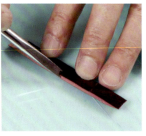

27 ショルダーA（1枚）をさる革で巻いて接続し、接続箇所をショルダーAの幅の中心にあて、ショルダーAの両端と重なる位置に印を付ける。さる革の両側面、印間に2.5mm幅の縫い線を引く

28 27で引いた縫い線上に菱目打で縫い穴の跡を付け、付けた跡を菱ギリで突いて縫い穴を貫通させる

29 さる革の両側面を縫い合わせる。縫い始めと縫い終わりともに目は重ねず、縫い終わりは糸を8の字に取り回し（p.88の**26**参照）、結び目にサイビノール600で固めて始末する

30 さる革の両側面にへり落しをかけ、コバを磨いて仕上げる

31 さる革の接続面にスリーダインを塗って貼り合わせ、エンマヤットコで圧着する

32 重ねて貼り合わせた10mm幅の中心に印を付ける。2本目の菱目打の刃の中心に印を合わせ、両側面から2.5mm程の位置に縫い穴の跡を付ける

33 縫い穴の跡を菱ギリで突いて縫い穴をあけ、両側面の各1目を縫い合わせる。縫い目を締める際にサイビノール600を塗り、目を固めて糸を始末する

34 ショルダーB表のギン面、片端から30mmと50mmの位置に印を付け、印の間に美錠抜きで長穴をあける。長穴は、ショルダーB表の幅の中心へ正確にあける

35 | 長穴のコバを磨いて仕上げる

36 | 長穴に美錠のピン（足）を通し、ショルダーB表の端を折り返す

37 | 02と同様に、折り返した端と並ぶコバに銀ペンで印を付ける。03〜04と同様に、ショルダーB裏の端を美錠の付け根に揃えて合わせ、折り返した端と並ぶコバに印を付ける

38 | 05〜06と同様に、コバに付けた印を参照して各革の床面に線を引き、一番端の線から端部に向けて先端ゼロで斜め漉きする

39 | ショルダーB表の反対端に、02〜06と同様にナスカンとショルダーB裏の端を合わせ、コバの各所に印を付けて床面に線を引き、両端を先端ゼロで斜め漉きする

40 | 長穴の両脇、その幅の中央に5mm幅の補強テープを貼る。端から7〜8mm間を空け、反対端（内側）は折り返して重ねる範囲まで貼る

41 | ショルダーB表の床面の中心に、18mm幅の補強テープを貼る。長穴の際から3mm程空けてテープを貼り始め、ナスカンを取り付ける側の端から10mm程控えて裁断する

ショルダーの制作

42 美錠取付部の両側面のコバを磨く

43 ショルダーB表に美錠を合わせて端を折り返し、接着面の目安となる印を付ける。美錠を合わせた状態で、ショルダーB表を合わせ、接着面の目安となる印を付ける

44 ショルダーB表の、折り返した端から15mmの位置にさる革を合わせる（左写真）。さる革の美錠側の端と接する両側面に、銀ペンで印を付ける（右写真）

45 08と同様に、ショルダーB表とショルダーB裏のナスカン側にも、接着面の目安となる印と線を付ける

46 ショルダーB表とショルダーB裏とも、各接着面を紙ヤスリで荒らす。さる革の内側面と外側面、33のステッチの周囲を軽く荒らす

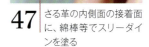

47 さる革の内側面の接着面に、綿棒等でスリーダインを塗る

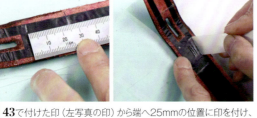

48 43で付けた印（左写真の印）から端へ25mmの位置に印を付け、印の間にスリーダインを塗る。38で引いた線から端までの範囲にも、スリーダインを塗る（それぞれ、美錠の稼働部を避ける）

49 44で付けた印を参照し、ショルダーB表の端を折り返さず、さる革（内側面）を左写真のように貼り合わせて圧着する

ボックストート

50 | さる革の外側面の接着面にスリーダインを塗り、ショルダーB表に美錠を合わせ、端を折り返して貼り合わせる。貼り合わせた接着面を、エンマヤットコでしっかりと圧着する

51 | 10〜11と同様に、05〜06と同様に、反対端にナスカンを合わせる

52 | ショルダーB表とショルダーB裏の、各接着面にスリーダインを塗る

53 | ショルダーB表とショルダーB裏を貼り合わせる。美錠とナスカンの付け根を先に揃えて貼り合わせ、その間を13と同様に貼り合わせる

 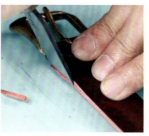 

54 | ショルダーB表の両側面をモデラで圧着する。ショルダーB表の側面に沿い、ショルダーB裏の余分を化粧裁ちする

55 | 16と同様に、ショルダーBの両側面、ナスカンの付け根から2mmの位置に印を付け、付けた印位置から美錠側に向けて3mm幅の縫い線を引く

 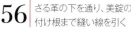   

56 | さる革の下を通り、美錠の付け根まで縫い線を引く

57 | 55で引いた縫い線上に、菱目打で縫い穴の跡を等間隔に付ける。さる革を挟んだ箇所は、さる革の際を菱目打の刃の間へ収めるように調整して跡を付ける

ショルダーの制作

58 57で付けた跡を菱ギリを突き、全ての縫い穴を貫通させる。21と同様に、ショルダーBの両側面を縫い合わせる

59 ショルダーとショルダーBとも、両側面のコバにへり落としと紙ヤスリをかけ、床仕上剤でコバを磨き締める

60 本体のコバ仕上げと同様、磨いたコバを染色してさらに磨き、仕上げにロウを浸透させて磨く

CHECK

持ち手や本体のコバと同じ手順で、ショルダーAとショルダーBのコバを仕上げる

61 ショルダーAに型紙を合わせ、「美錠穴位置」の中心を丸ギリで軽く突いて印を写す。写した印位置に定規をあて、幅の中心に印を付け直す

62 61で付けた印位置に、15号のハトメ抜き（使用する美錠のピンに適合するサイズ）で穴をあける

62であけた穴を中心に、その両端へ30mmずつ間隔を空けて4つの印を付け、62と同じハトメ抜きで穴をあける

63

CHECK

ショルダーAとショルダーBを接続すれば完成。63であける穴の間隔は、好みや用途に合わせて変更してもよい

完 成

色の異なる「ルガトショルダー」で制作したサンプル。色が異なるだけでも、雰囲気が大きく異なってくる。汚れや傷を付けないよう、制作時に相当な注意を必要とされるが、まっさらなヌメ革やコードバン、ブライドルレザー等を材料に仕立ててもよい。ちなみにこのサンプルは、持ち手の付け方と長さが、工程で解説した作品とは若干異なっている

開口部両サイドのジャンパーホックを閉じると、縦横比が正方に近いトートバッグへと変化する

ITEM. III

アオリ付きトート
COMPARTMENT TOTE BAG

開口部にアオリポケットを設けた、上品なフォルムのトートバッグ。
材料革は、適度なコシがあるタンニン革、1.8mm厚前後を推奨。
本作品は、協進エル扱いの「アリゾナ」1.7mm厚を使用している。

Detail

本体の構造はITEM.Iのファスナートートと同様、前後2枚の胴に底を合わせて袋状にするベーシックな構造だが、本作品は先に2枚の胴の側面を合わせ、最後に玉縁革を介した底を合わせて仕立てる

左ページ・右上写真の変化を可能にするジャンパーホック。収納する物の大きさに合わせて活用する他、その日の気分でバッグのフォルムを変えるといった使い方も可能。ジャンパーホックを開いた状態のフォルムのみでよいという場合は、ジャンパーホックを取り付ける工程を省いてもよい

本体の開口部内側の見付に帯状の革を介し、両サイドのジャンパーホックを閉じた状態に対応する丁度よい長さのファスナーを設置。袋状に落とし込む内装には、便利なファスナー付きポケットを設置する

片方の胴の見付に、開口部を分割して仕切るアオリポケットを設置。広く取った根革間が収納口となり、アイパッド等のタブレットPCを収めることも可能。シンプルながら計算しつくされたバッグのフォルムを引き立てせる根革、持ち手、玉縁革を介した底なども、このトートバッグの大きなポイントとなる

パーツ／革

巻末の型紙通りに裁断した本体を構成する革パーツ一式と、各パーツの床面、漉きを入れた箇所を以下に表します。

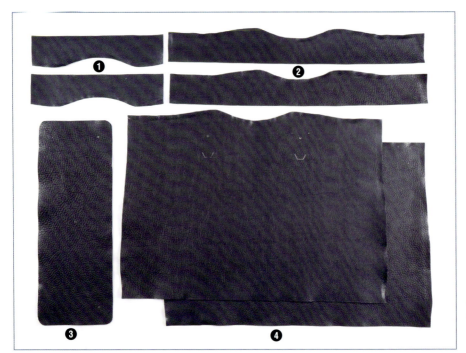

❶ アオリ見付×2
❷ 見付×2
❸ 底
❹ 胴×2

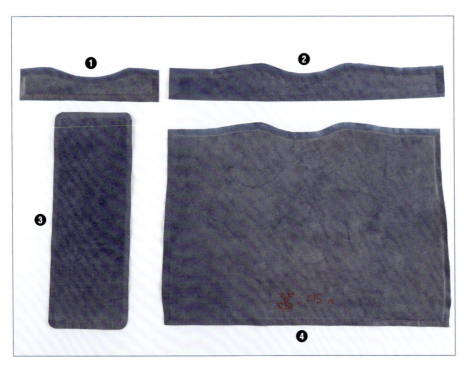

❶ アオリ見付：直線の3辺10mm幅を1.0mm厚に段漉き。その後、口元の凹凸曲線で構成される辺17mm幅を0.3mm厚に斜め漉き

❷ 見付：長辺10mm幅を1.0mm厚に段漉き。その後、両短辺20mm幅を0.8mm厚に段漉き。口元の凹凸曲線で構成される辺17mm幅を0.3mm厚に斜め漉き

❸ 底：全側面10mm幅を1.2mm厚に段漉き

❹ 胴：口元の凹凸曲線で構成される辺を除く3辺、10mm幅を1.2mm厚に段漉き。その後、口元の凹凸曲線で構成される辺13mm幅を0.5mm厚に段漉き

アオリ付きトート

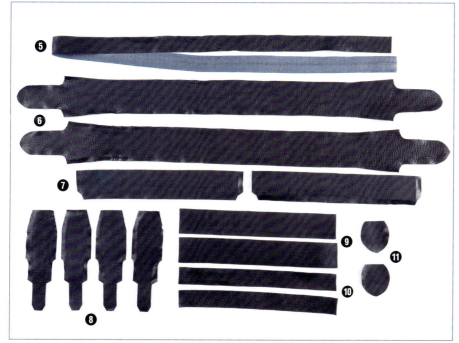

- ❺ 玉縁
- ❻ 持ち手×2
- ❼ 天マチ×2
- ❽ 根革×4
- ❾ 天マチ裏×2
- ❿ ポケット口×2
- ⓫ ファスナー止め×2

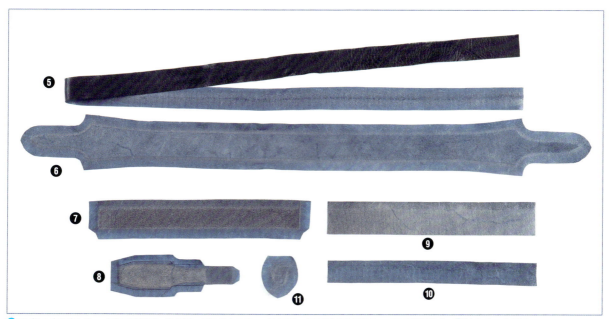

❺ 玉縁：全面を1.2mm厚にベタ漉き。その後、長辺の中心3mm幅を残し、両長辺を先端0.3mm厚で斜め漉き　❻ 持ち手：全側面12mm幅を0.5mm厚に段漉き　❼ 天マチ：最長辺を除く3辺12mm幅を0.3mm厚に段漉き　❽ 根革：ベルト部を1.0mm厚にベタ漉き。ベルト部の先端、台形の箇所をゼロ漉き。残りの辺12mm幅を0.5mm厚に段漉き　❾ 天マチ裏：全面を1.3mm厚にベタ漉き。その後、片方の長辺10mm幅を1.0mm厚に段漉き　❿ ポケット口：全面を0.7mm厚にベタ漉き　⓫ ファスナー止め：全面を0.7mm厚にベタ漉き。その後、全側面から10mm幅を0.3mm厚に斜め漉き

パーツ／芯材

各種の革パーツに合わせる芯材を以下に表します。一部の芯材は革パーツと同様、部分的に漉きを入れます。

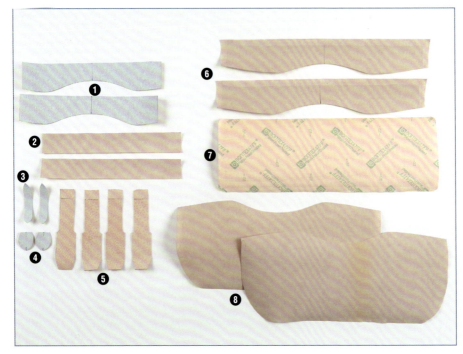

❶ アオリ見付芯×2：
のり付きスライサー／0.6mm厚
❷ 天マチ芯×2：
バイリーン／0.6mm厚
❸ 持ち手芯×2：
のり付きスライサー／0.6mm厚
❹ ファスナー止め芯×2：
のり付きスライサー／0.6mm厚
❺ 根革芯×4：豚床革／1.0mm厚
❻ 見付芯×2：
バイリーン／0.6mm厚
❼ 底 芯：ボンテックス／0.6mm厚
❽ 胴 芯×2：
バイリーン／0.6mm厚

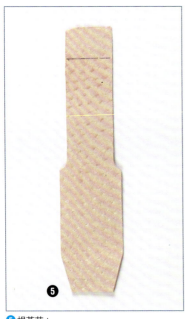

❺ 根革芯：
ベルト部の先端より10mm幅をゼロ漉き

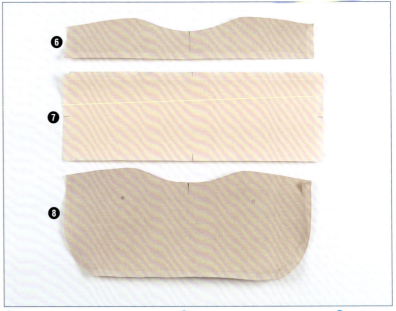

❻ 見付芯：直線の3辺10mm幅をゼロ漉き　❼ 底 芯：全側面10mm幅をゼロ漉き　❽ 胴 芯：口元の凹凸曲線部を除く全側面、10mm幅を0.3mm厚に段漉き

アオリ付きトート

パーツ／内装（生地）

内装を構成する各胴の裏地、各裏地に設けるポケット、そして
アオリの収納部は、全てシャンタン生地を使用します。

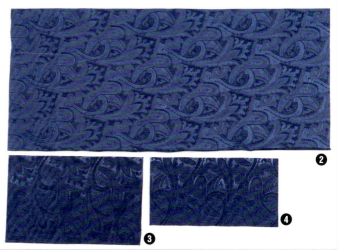

❶ 胴×2　❷ アオリ　❸ ファスナーポケット　❹ 仕分けポケット

パーツ／ファスナー

本作品では、内装ポケットの開口部に用いるファスナーと、
本体の口元に用いるファスナーの2種を使用します。

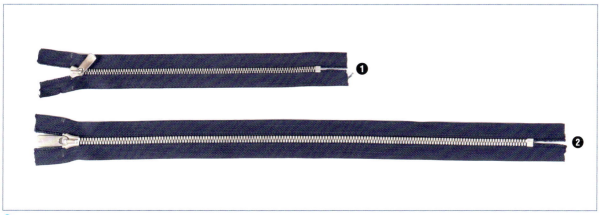

❶ 内装ファスナー（3号）：上止〜下止間の長さ＝200mm ／ テープの余分＝各30mm
❷ 天マチファスナー（5号）：上止〜下止間の長さ＝380mm ／ テープの余分＝各30mm
※ファスナーの寸法を調整する方法はp.13〜参照

パーツ／副資材

本作品の制作に使用する、各種の金具や芯材を以下に表します。金具類は、該当するサイズの物を用意してください。

持ち手芯（ガラ芯）15号

持ち手の内側に収める芯材。持ち手の制作時に持ち手でくるみ、撚り合わされた複数の毛糸の数を減らして太さを調整する

マグネットホック

アオリの口元を閉じる、マグネット式のホック。本作品では、メス側の直径が21mmのマグネットホックを使用している

角カン×4

持ち手を接続する金具。持ち手と根革の幅に該当する、内幅25mmの角カンを用意する。本作品では、内側の高さ15mmの角カンを使用

底鋲×5セット

バッグを床置きした際、本体の底と床の間で緩衝材となり、汚れや傷の付着を防止する金具。本作品では直径14mmの底鋲を使用している

ジャンパーホック大×2セット

本体口元の両側面に取り付けるジャンパーホック大。「ダボ」と「バネ」を表で合わせるため、「頭」を使用せずに「足」を4個使用する

両面カシメ大×4セット

根革の取付部に強度を持たせるために用いる、外径12mm、足の長さ10mmの両面カシメ。根革で完全に隠れるため、色は何でもよい

ペフ×7枚

底鋲とマグネットホック取付部の補強に使用する、軽量で弾力性のある発泡体の接着芯。直径30mm程の円に切り出して（抜いて）使用する

あて布（内装と同じ生地）

内装の仕分けポケットとファスナーポケットの裏に合わせる、補強用のあて布。30×60mmを2枚、30×30mmを3枚用意する

あて革（端革）

胴の口元両端のジャンパーホック及び、アオリのマグネットホックの裏に用いる補強用のあて革。本体の端革から適宜切り出して使用する

使用する工具

全て、別の工具でも代用できます。ハトメ抜きやカシメ打ち等の打ち具は、使用する金具との適合を確認してください。

- 革包丁
- ビニール板
- のりベラ（ジラコヘラ）
- ハサミ
- モデラ
- 銀ペン
- ボールペン
- 定規
- 紙ヤスリ100番（ギン面荒らし用）
- 金槌
- 木槌
- 打ち台（ゴム板）
- コルク板（突き目用）
- メタルプレート（金具用打ち台）
- 丸ギリ（目打）
- ネジ捻／ディバイダー（縫い線引き用）

- 菱目打（2本目・複数目）
- 菱ギリ（細）
- ハトメ抜き 10号（Φ3.0mm）
- ハトメ抜き 12号（Φ3.6mm）
- ハトメ抜き 15号（Φ4.5mm）
- ハトメ抜き 50号（Φ15mm）
- ハトメ抜き 100号（Φ30mm）
- カシメ打ち
- 銀ペン消しゴム
- ジャンパーホック打ち
- クリップ（複数個）
- ウエイト（重石）
- クイキリ（ファスナー用）
- ライター
- ガラス板（手漉き用）
- つきのみ

- 手縫い針
- 糸切りバサミ
- エンマヤットコ
- 手袋

使用する資材

上記各種工具の他、縫製部の仮留め時に各種接着剤と両面テープ、各パーツの補強用に補強テープ等を用います。

- 補強テープ 18mm幅
- Tボンド（合成ゴム系接着剤・高強度）
- スリーダイン（天然ゴム系接着剤）
- サイビノール100（水性系接着剤）
- サイビノール600（水性系接着剤）
- ビニモ（縫製用・色と太さは好みで）
- コバ仕上剤
- 両面テープ 2mm幅
- 両面テープ 3mm幅
- 両面テープ 5mm幅
- 両面テープ 7mm幅

胴の下準備

根革を制作して胴に取り付け、口元の両側面にジャンパーホックを取り付けた後、各胴の両側面を縫い合わせる。

根革の制作

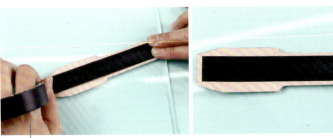

01 根革芯に補強テープを貼る。部分漉きを入れていない面に、周囲に最大5mm程度の余地を設け、18mm幅の補強テープを貼り合わせる

02 根革芯の補強テープを貼った面にTボンドを塗る。根革の床面に「合わせ位置」を揃えて根革芯の型紙を合わせ、側面をトレースして糊代の目安線を引いた後、目安線の範囲内にTボンドを塗る。補強テープの段差部を含め、それぞれの全面に薄くしっかりと塗り伸ばす

03 02で引いた目安線に合わせ、根革芯の幅が広い面を先に貼り合わせる

04 根革と芯の側面を揃え、芯側へ若干反らせながら残りの面を貼り合わせる

05 芯側を表にし、芯の側面（段になったコバ）にTボンドを塗る

06 芯の側面に出た根革のへり返し面と、へり返す革と合わさる芯の面にTボンドを塗る

07 へり返す根革の凹曲部に、ハサミで切り込みを入れる。右写真のように2～3mmの間隔を取り、数ヵ所に切り込みを入れる

08 モデラを使用し、へり返す革を芯の側面にぴったり合わせて起こす

アオリ付きトート

09 直線部をそのままへり返して貼り合わせ、革が余る角の部分は、起こした状態で貼り合わせる

根革を表にし、芯の側面のラインに沿って正確にへり返せているかを確認。ラインが乱れている箇所がある場合は、貼り直して修正する

10 起こした状態で貼り合わせた革の余分を、角の部分を僅かに残して裁ち落とす

11 10で僅かに残した角の部分にモデラをあて、芯側へ平滑に収める。これと同時に、角を柔らかな丸みを帯びた形に整える

各角は、芯が表へ出ないように注意しつつ、滑らかなラインに整える。また、胴と合わせた際の厚みを均一にするため、僅かな余分も平滑に均しておく

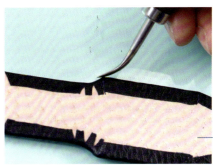

残りの角も同様に整える

12

根革を返し、表からも全ての側面をモデラで整える

13

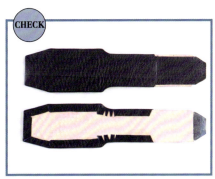

残りの根革も同様にして、芯と貼り合わせて側面をへり返す

胴の下準備

各胴に根革を取り付ける

14 胴の床面、口元（波打った凹みがある辺）の端から10mmの位置に、適度に間隔を空けて数ヵ所に印を付ける

15 14で付けた印に型紙の口元側を合わせ、口元のラインと平行に並ぶへり返しのラインを引く

16 へり返しの線を引いた後、型紙を合わせて口元の中心に印を付ける

17 14と同様にして、口元の端から20mmの位置に、適度に間隔を空けて印を付ける

18 17で付けた印に型紙の口元側を合わせ、口元のラインと平行に並ぶ、へり返しの糊代の目安線を引く

19 17〜18で引いた糊代の目安線から口元へ向け、両端から50mm程の範囲を除いてTボンドを塗る

20 胴芯の部分漉きを入れていない面の口元側、端から10mm幅程の範囲にTボンドを塗る

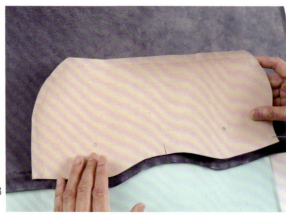

21 15で引いたへり返しのライン及び、16で付けた口元中心の印に、芯の口元側のラインと中心を揃えて貼り合わせる

22 裏と表の両面から、接着面をしっかりと圧着する。シボ革を使用する場合は、シボを潰さないよう注意して圧着する

アオリ付きトート

23 貼り合わせた芯の側面に残る糊代の目安線を参照して型紙を合わせ、貼り合わせた芯の上にも18と同様、胴の口元から20mmの位置にあたるへり返しの糊代の目安線を引く

24 23で引いた目安線から口元に向け、芯の糊代にTボンドを塗る。芯の側面（段）にも、しっかりとTボンドを塗っておく

25 胴の口元側の凹曲部に、20mm程の間隔を空けて僅かに（へり返す10mm幅の1/3程度を目安に）切り込みを入れる

26 芯の側面にぴったり沿わせ、胴の口元をへり返して貼り合わせる

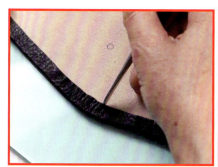 

緩やかな凸曲部は、放射状にヒダを寄せて余分な革を整え、モデラの先で寄せたヒダを潰して平滑に貼り合わせる

27

凹曲線と凸曲線で構成される口元のラインは、直線的に角ばった箇所を残さないよう、滑らかに整える

28 芯の口元側中心の印を参照し、へり返した箇所に中心の印を延ばす

胴の下準備

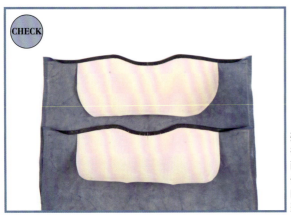

残りの胴も同様にして芯を貼り合わせ、口元の側面をへり返す。口元の両側面、端から50mmの範囲は、この時点ではへり返さない点に注意

29 根革の表に「根革印付け用」の型紙を合わせ、6ヵ所の角の印を丸ギリで軽く突いて印を写す

30 29で写した印をつなぎ、幅が広い面の側面に2.5mm幅の縫い線を引く

31 縫い線上に縫い穴をあける。丸ギリで突いた各角は丸ギリで穴をあけ、その間は間隔を調整して菱目打で穴をあける

32 根革の表に「根革印付け用」の型紙を合わせ、カシメ穴位置の中心を丸ギリで軽く突いて印を写す

33 32で付けた印を中心とする穴を、12号のハトメ抜きであける。目見当でハトメ抜きの刃を軽くあて、印がハトメ抜きの中心となる位置のアタリ（穴あけの目安となる跡）を付ける

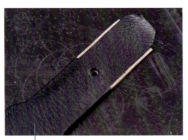

34 33で付けたアタリに従い、根革のカシメ穴位置に穴をあける

35 胴に印した根革のカシメ穴位置にも、12号のハトメ抜きで穴をあける

36 根革の裏を表にし、カシメ穴をぴったり揃えた状態で、胴に写した根革取付位置に根革の側面を揃える

アオリ付きトート

37 | 36の状態を保ったまま、根革の側面を銀ペンでトレースし、根革の糊代の目安線を引く。糊代の目安線は、根革の表を合わせる6つの角の点の内側にのみ引く（右写真参照）

38 | 37で引いた目安線の内側、カシメ穴から底側の範囲内を紙ヤスリで荒らす

39 | 37で表した糊代に合わせる、根革の裏の接着面を紙ヤスリで荒らす

40 | 38と39で荒らした接着面に、スリーダインを薄く2回塗り重ねる

41 | カシメ穴と接着面を正確に揃え、胴に根革を貼り合わせる

42 | 胴の表から、揃えたカシメ穴に両面カシメ大の足を通してセットする

43 | 胴の裏から、42で通した足に両面カシメ大の頭をセットする

44 | カシメ（裏にセットした頭）の表面を潰すため、メタルプレート（打ち台）の平面を表に置き、セットした両面カシメ大を適合するカシメ打ちで固定する

胴の下準備

45 胴の表からカシメ(足)の表面を金槌で叩き、膨らんだ凸曲部を平らに潰す

カシメ両面の凸曲部を写真のように潰すことで、根革のフォルムを崩すことなく根革の取付部を補強することができる

46 胴に合わせた根革を折り返し、根革取付位置(6つの点)に根革の各角及び側面を揃える(点に重ねない)。揃えた根革の側面内側を銀ペンでトレースし、根革の糊代の目安線を引く。接着剤を根革の外側に出させないため、根革の縫い線の内側に目安線を引く

47 46で引いた糊代の目安線の内側と、根革の裏の接着面を紙ヤスリで荒らす。根革の側面の際(きわ)から接着剤を表出させないよう、根革の裏は縫い穴の内側を目安に荒らす

48 角カンの表裏を確認し、正しい向きで根革にセットする

49 47で荒らした胴の接着面及び、胴に合わせた根革の接着面にスリーダインを薄く2回塗り重ねる。根革の側面(段)にもしっかりとスリーダインを塗り重ね、余分を綿棒等で除去する

50 角カンの可動域(折り返す箇所)を避け、胴に合わせる根革の接着面にスリーダインを2回塗り重ねる

アオリ付きトート

51 根革を46と同様に折り返し、接着面を正確に揃えて貼り合わせる

52 接着面の際をモデラでなでるように圧着し、さらに内側の芯の際にモデラの側面をあて、芯の膨らんだフォルムを出す

53 31であけた縫い穴を正確に辿り、丸ギリと菱ギリで突き目をして、胴を貫通する縫い穴をあける

54 角カン側から4つ目の穴を縫い始めとし、角カン側へ3目縫った後に方向を変え、反対端まで縫い進める。反対端まで縫い終えたら、3目戻って重ね縫いをする

55 3目目を作る表の針を裏へ通した状態で、裏側で糸を始末する

56 2本の糸を引いて軽く結び目を作り、結び目を締める位置にサイビノール600を塗る。結び目を締めた後、もう一度結び目を作って締める

57 10mm程の糸を残し、余分をカットする。サイビノールを完全に乾かした後、10mm残した糸を横方向に広げ、カシメの上もカバーする範囲に18mm幅の補強テープを貼る

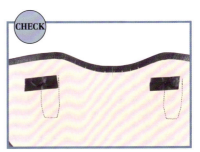
CHECK
始末した糸の上に補強テープを貼った状態。カシメの上もカバーすることで、内装への当たりを和らげている

胴の下準備

58 縫い合わせた根革の周囲に残る、根革取付位置の印（銀ペンで付けた印）を消す

CHECK

残りの根革も同様に取り付け、2枚の胴を写真の状態にする（裏の状態は、前頁最後の写真を参照）

胴の口元側面に、ジャンパーホックを取り付ける

59 100号のハトメ抜きで、端革から円形のあて革を4枚抜く。ハトメ抜きが無い場合は、直径30mmのあて革を切り出す

60 59で抜き出したあて革の内の2枚を、中心の約10mm径程を原厚（2mm厚程度）のまま、側面へ先端ゼロで斜め漉きする。残りの2枚は、中心の約10mm径程を1mm厚にし、側面へ先端ゼロで斜め漉きする

61 50号のハトメ抜きで、端革から円形の革を4枚抜く（または、直径15mmのあて革を切り出す）。抜き出した革の中心を15号のハトメ抜きで抜き、革ワッシャー（座金）にする

62 4枚の革ワッシャーの床面にコバ仕上剤を塗り、毛羽立ちを抑える

63 胴の口元両側面、「ジャンパーホック取付位置」を丸ギリで突いて貫通させ、裏側の床面に取付位置を写す

64 63で写した印を中心に、30mm四方（あて革の中心を印に合わせ、あて革が収まる程度の範囲）をカバーするように18mm幅の補強テープを重ねて貼る。胴の表からジャンパーホック取付位置を再び丸ギリで突き、補強テープの上にも取付位置を写す

アオリ付きトート

65 | 64で写した取付位置にあて革の中心を揃えて合わせ、側面をトレースして糊代の目安線を引く

66 | 65で引いた糊代の目安線の内側と、あて革の床面にスリーダインを薄く2回塗り重ねる

67 | 表にする胴（革の状態を見て、表にする胴を決める）の接着面に、中心を1mm厚にしたあて革を貼り合わせる。裏にする残りの胴には、同じ位置に中心が原厚のあて革を貼り合わせる

68 | あて革を貼った胴の表から、ジャンパーホック取付位置に中心を合わせ、12号のハトメ抜きで穴をあける

69 | 胴の裏から、68であけた穴にジャンパーホックの足をセットする

70 | 胴の表から69で通した足に革ワッシャーを介し、ダボ（ゲンコ）をセットする

71 | 打ち台（平面）を下に置き、適合する打ち具でセットしたダボを固定する

72 | 裏にする胴の口元両側面に、68〜71と同じ要領でバネを固定する

CHECK
表にする胴の口元両側面にダボ、裏にする胴の口元両側面にバネを固定する。間違えないように注意

胴の下準備

各胴の両側面を縫い合わせる

73 各胴の床面、底側の端から7mmの位置に、底のラインと平行な線を引く

74 73で引いた縫い線の両端に、側面から13mmの位置に印を付ける

75 74で付けた印間の線上に、菱目打で縫い穴をあける。この縫い穴は、後に底（玉縁）を合わせる際の縫い穴となる

76 口元両側面のジャンパーホックを留め、各胴の四角と側面をぴったり揃えて中表で合わせる。ぴったり揃えた状態を保ったまま、両側面をクリップで右写真のように仮固定する

77 仮固定した胴の両側面を、縫い代7mmで口元から底まで縫い合わせる。縫い始めは口元側へ2〜3目かがり、クリップを外しながら縫い進め、縫い終わりも底側へ2〜3目かがる

CHECK 中表で合わせた胴の側面を、縫い代7mmで縫い合わせた状態。ミシンではなく、手縫いで縫い合わせてもよい

78 口元側の両端をハサミで斜めに裁ち落とす。側面の床面を漉いたラインを目安に刃を入れ、側面を縫い合わせたステッチの1〜2mm脇まで裁ち落とす

79 裁ち落とした口元の両端、側面から内に10mm弱、底に向けて40mm程の範囲にTボンドを塗る

アオリ付きトート

80 79に続き、口元両端のへり返さずに残しておいた50mm程の範囲にも、糊代の目安線を参照してTボンドを塗る

81 79でTボンドを塗った側面を割って貼り合わせ、金槌で叩いて圧着する

82 81で割った側面の上側、へり返す口元の革と合わさる範囲のギン面を紙ヤスリで荒らし、Tボンドを塗る

83 先にへり返した口元のラインに揃え、両側面の口元100mm程をへり返して貼り合わせる。正確に貼り合わせた後、金槌で叩いて圧着する

CHECK 口元の側面を割って貼り合わせ、口元の残りの革をへり返した状態

84 内装への当たりを和らげるため、各ジャンパーホックの足を補強テープで覆う

CHECK 両側面を縫い合わせて筒状にした胴を、参考のために返した状態。口元の両側面にジャンパーホックのダボを付けた、写真の胴が表（前胴）となる。内装パーツを制作するまでは胴を使用しないため、表面に誤って傷を付けないよう、返さずに保管しておくとよい

内装パーツと天マチの制作

本体の内側に収める各種の内装パーツと、本体の口元に合わせるファスナー開閉式の天マチを制作する。

ポケット口の制作

01 ポケット口の床面に、各短辺の中心をつなぐ線を引く。25mm幅の中心、側面から12.5mmの位置数ヵ所に印を付け、各印をつなぐ線を引く

02 ポケット口の床面、全面にスリーダインを塗る

03 01で引いた線に、各側面を揃えて(つき合わせで)へり返す

04 ポケット口の両側面をへり返して貼り合わせ、帯状のポケット口を2本作る

仕分けポケットの制作と取り付け

05 仕分けポケットの裏、長辺1辺の端から5mm幅と、残りの3辺の端から10mm幅にTボンドを塗る

06 10mm幅にボンドを塗った3辺を、7mm幅でへり返す

07 ポケット口の裏(へり返した側面をつき合わせた面)、側面の端から5mm幅にTボンドを塗り、仕分けポケット裏の5mm幅にボンドを塗った辺に、両端を余らせて貼り合わせる

アオリ付きトート

08 仕分けポケットの両側面にはみ出した、ポケット口の余分を裁ち落とす

CHECK

仕分けポケットの各側面を裏にへり返し、開口部となる1辺にポケット口を貼り合わせた状態。ポケット口は、写真の面が裏となる

09 ポケット口の下側を表から、縫い代2.5mmで縫い合わせる。縫い始めと縫い終わりは、3目程返し縫いする

10 糸の余分をカットし、焼き留めで始末する

11 仕分けポケットを表にし、09のステッチとポケット口の間に3mm幅の両面テープを貼る。両面テープの剥離紙を剥がし、ポケット口をステッチ部でへり返して仮留めする

12 へり返したポケット口の下側を、縫い代2.5mmで縫い合わせる。縫い始めと縫い終わりは、3目程返し縫いする

13 ポケット口の端を揃えて半分に折り、表の中心に銀ペンで印を付ける

内装パーツと天マチの制作

14 仕分けポケットの四角を揃えて半分に折り、表の中心に折り目を付ける。付けた折り目を金槌で叩き、明確な折りグセを付ける

15 付けた折り目の底側に、銀ペンで中心の印を付ける

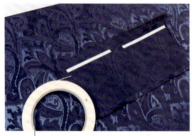

16 仕分けポケットの裏、口元から50mm程の位置に、中心に付けた折り目を避けて5mm幅の両面テープを貼る

17 胴（内装）の表に口元のラインを揃えて「ポケット位置」の型紙を合わせ、仕分けポケットの口元の中心を型紙の中心に揃え、両面テープで仮留めする

CHECK 「ポケット位置」の型紙を用いることで、胴の中心、口元から60mmの位置へ正確に仕分けポケットの中心を揃えて仮留めする

18 胴の裏、仕分けポケットの口元両端に当たる位置に30mm四方のあて布を合わせ、仕分けポケットの口元を除く3辺を縫い代2.5mmで縫い合わせる

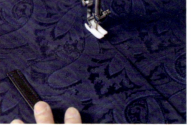

19 縫い始めはポケット口へ2〜3目かがり、側面を底の手前まで縫い進める。底の手前で方向を変え、底を端まで縫い進めた後、方向を変えて口元へ向けて縫い進める

20 縫い始めの反対側の口元を縫う際は、縫い始めと同様に裏へあて布を合わせ、ポケット口へ2〜3目かがる

アオリ付きトート

21 14で仕分けポケットの中心に付けた折り目のライン上を、底から口元へ向けて縫う。19のステッチの穴から縫い始め、口元の裏にあて布を合わせ、ポケット口へ2〜3目かがって糸を始末する

18〜21の各ステッチは、ポケット口に強度を持たせるために口元へ2〜3目かがり、ポケット口を縫い合わせたステッチを避けて(またいで)縫う。また、胴の裏側へ正確にあて布を合わせる

22 仕分けポケットの底のステッチから6〜7mmの位置を、底のステッチと平行に縫う。このステッチでへり返しのボンド層がカバーされ、収納物へのボンドの付着を防ぐことができる

23 最後に、16〜17で貼った仮留めの両面テープを剥がす。以上で、仕分けポケットの取り付けは終了

ファスナーポケットの制作と取り付け

24 ファスナーポケットの裏、4辺の端から10mm幅にTボンドを塗り、7mm幅でへり返す(四角は短辺に長辺を重ねる)

25 内装ファスナーの上止側、上止の端に残したファスナーテープの余分の表面にTボンドを塗り、右写真のように折り返して貼り合わせる

内装パーツと天マチの制作

26 25で貼り合わせた三角形のスペースの裏と、これを裏へ折り返した際に合わさる箇所にTボンドを塗り、左写真のように折り返して貼り合わせる。反対側の余分も同様に折り返して貼り合わせ、上止側のテープの余分を右写真の状態にする

27 テープの側面のラインで、折り返した余分を裁ち落とす

28 裁ち落とした端をライターの火で炙り、軽く熔かしてほつれ止めをする

ファスナーの上止側のテープを処理した状態

29 ファスナーの下止側のテープは、26のように裏へ1回折り返して貼り合わせた後、余分を側面のラインで裁ち落としてほつれ止めをする

ファスナーの下止側のテープを処理した状態

30 ファスナーの表、テープの両側面に3mm幅の両面テープを貼る

31 ファスナーの上止を左にして置き、下側（手前側）の両面テープの剥離紙を剥がす。ポケットの長辺を、テープの織り目が変わるラインに揃えて貼り合わせる。この時、ポケットの両端がファスナー側面へ均等に余るよう調整する

アオリ付きトート

32 上側の両面テープの剥離紙を剥がし、ポケット口をテープの織り目が変わるラインに揃えて貼り合わせる

33 ポケット口の両端がファスナーの側面へ均等に余るように調整して貼り合わせ、ポケット口の余分をポケットの両側面のラインに揃えて裁ち落とす

CHECK 内装ファスナーの両側面にファスナーポケットとポケット口を合わせた状態。スライダーがポケットとポケット口に干渉せずに動くか確認し、干渉する場合は、貼り合わせる位置を調整する

34 スライダーを上止側から下止側にずらし、ポケットの口元（ファスナーに仮留めした側面）の両端を10mm程度空け、縫い代2.5mmで縫い合わせる

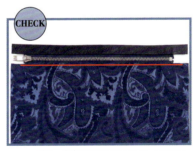

35 ポケットの口元の途中まで縫い進めたら、スライダーを上止側に戻し、ファスナーを閉めた状態で残りを縫い進める

CHECK 34～35で写真の赤いライン上を縫い、ファスナーの下側とポケットを合わせる

36 ポケット口を半分に折り、表の中心に銀ペンで印を付ける。ポケットの裏、ファスナーの下側に7mm幅の両面テープを貼り、剥離紙を剥がす

37 胴（内装）の表に口元のラインを揃えて「ポケット位置」の型紙を合わせ、中心を揃えてファスナーポケットを合わせる

163

内装パーツと天マチの制作

仕分けポケットと同様、「ポケット位置」の型紙を用いることで、胴の中心、口元から60mmの位置へ正確にファスナーポケットの中心を揃えて仮留めする

38 胴の裏側、ファスナーポケットの口元の両端に当たる位置に、30×60mmのあて布を合わせる

39 ポケットのファスナー口を除く3辺を縫い合わせる。縫い始めと縫い終わりは、ファスナー側へ2〜3目かがる

40 ポケット口の内側を1周、縫い代2.5mmで縫い合わせる。スライダーがミシンの押さえに干渉するため、途中で適宜位置を調整する

41 各角で向きを変え、ポケット口の内側を1周縫い合わせる

38で胴の裏に合わせるあて布は、ポケット口(革)とポケット(布)の真裏に合わせ、双方の側面の補強とする

42 **22**と同様、ファスナーポケットの底のステッチから6〜7mmの位置を底のステッチと平行に縫い、へり返しのボンド層をカバーする

43 最後に、**36**で貼った仮留めの両面テープを剥がす。以上で、ファスナーポケットの取り付けは終了

アオリの制作

44 アオリ見付の床面、口元（波打った凹みがある辺）の端から10mmの位置に、適度に間隔を空けて数ヵ所に印を付ける

45 アオリ見付の床面に型紙を合わせ、中心の印を付ける

46 アオリ見付芯の剥離紙を剥がし、44で付けた口元の印と口元のライン及び、45で付けた中心を揃えてアオリ見付の床面に貼り合わせる

47 裏と表から、貼り合わせたアオリ見付芯を圧着する

48 アオリ見付の裏、口元の端から20mmの位置に、間隔を空けて数ヵ所に印を付ける。付けた印に型紙の口元側を合わせ、口元のラインと平行に並ぶ、へり返しの糊代の目安線を引く

49 口元の両端、48で引いた目安線の上側を0.6mm厚程度に手漉きする

CHECK 写真の赤く着色した箇所は、49で手漉きした箇所を表す。この手漉きは、後にアオリ見付の口元両端を僅かに落とし込んでへり返す際、厚みを抑えるための手漉きとなる

50 48で引いた目安線から口元に向け、糊代にTボンドを塗る。芯の側面（段）にも、しっかりとTボンドを塗る

内装パーツと天マチの制作

51 口元側の凹曲部に、20mm程の間隔を空けて僅かに(へり返す10mm幅の1/3程度を目安に)切り込みを入れる

52 口元の両端10mm程を除き、アオリ見付の口元を芯の側面にぴったり沿わせてへり返し、モデラで圧着する

53 口元の両端10mm程の範囲は、口元のラインより僅かに(2～3mm)落とし込んでへり返し、厚みを抑えるためにへり返した革をモデラで潰して均す

CHECK

アオリ見付の口元のラインに、型紙を合わせた状態。口元の両端を、写真の程度落とし込んでへり返す

54 残りのアオリ見付にも同様にして芯を貼り合わせ、口元をへり返す。この時、口元両端の落とし込み(落とし込む程度・ライン)を、先に仕上げたアオリ見付と揃える

55 アオリ見付のギン面に型紙を合わせ(底側の両角を揃える)、マグネットホック取付位置を写す

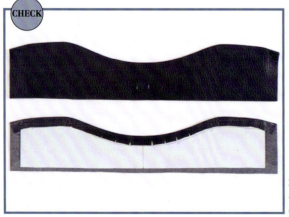

CHECK

芯材を貼り合わせ、口元をへり返したアオリ見付の表と裏の状態

56 アオリ見付の裏、長辺の端から7mmの位置に長辺と平行な線を引く

アオリ付きトート

57 | 56で引いた線の下側に、線に沿って3mm幅の両面テープを貼る

58 | 両面テープの剥離紙を剥がし、アオリの表の短辺を貼り合わせる。アオリの反対側の短辺も同様、両面テープで残りのアオリ見付に貼り合わせる

59 | アオリ見付の表から、アオリに貼り合わせた長辺の側面間を1〜2mmの縫い代（長辺の端ぎりぎり）で縫う。縫い始めと縫い終わりはかがらず、2〜3目重ねて縫う

60 | 55で写したマグネットホック取付位置に、つきのみや革包丁で長穴をあける

61 | 端革をマグネットホックの座金よりひと回り大きく切り出し、補強用のあて革とする。切り出したあて革に座金を合わせ、足を通す溝のラインを写す

62 | 61で写したラインに従い、つきのみや革包丁で長穴をあける

63 | アオリ見付の表にあけた長穴に、マグネットホックの足を通す

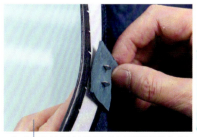

64 | アオリ見付の裏からあて革を仮合わせし、足から口元までの範囲を確認する。あて革を取り外し、確認した足から口元までの範囲を1mm厚程度に斜め漉きする

内装パーツと天マチの制作

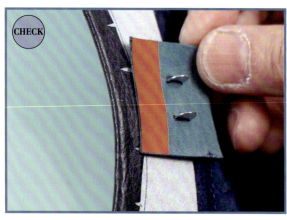

写真の赤く着色した箇所は、**64**で斜めに漉いた箇所を表す。この漉きでアオリの口元の厚みを抑えるが、薄く漉き過ぎると補強の効果が得られないため、1mm厚程度は残しておく

65 漉いたあて革と座金を合わせ、足を開いてマグネットホックを固定する

66 ベフ（接着芯）を貼り合わせ、座金を完全に覆う

67 反対側のアオリ見付にも、同様にしてマグネットホックを固定する

68 マグネットホックを合わせ、アオリを中表で揃える

69 アオリ見付の裏側の両側面、口元から20mm、側面から7mmの位置に印を付ける

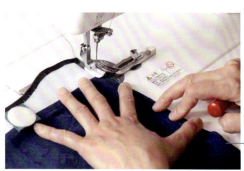

70 **69**で付けた印から底に向け、アオリの両側面を縫い代7mmで縫い合わせる。縫い始めは2〜3目重ね、底側の縫い終わりは端へ2〜3目かがる

口元となる見付を合わせ、両側面を縫って袋状にしたアオリ。このアオリは、胴と内装の間に収めることでサブの収納部となる

見付の制作

  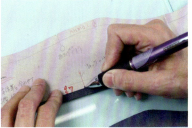

71 見付の床面に型紙を合わせ、口元の中心に印を付ける

72 続けて、底側(長辺)に天マチの付け止まり2ヵ所の印を付ける

73 見付の床面、口元(波打った凹みがある辺)の端から10mmの位置に、適度に間隔を空けて数ヵ所に印を付ける。71で付けた中心と見付芯の型紙の中心及び、ここで付けた各印に見付芯の型紙の口元側を合わせ、型紙の側面をトレースして糊代の目安線を引く

74 73で引いた糊代の目安線の内側に、Tボンドを塗る

75 見付芯の部分漉きを入れていない面、全面にTボンドを塗る

76 中心及び糊代の目安線に合わせ、見付芯を貼り合わせる。接着面を正確に揃えて貼り合わせた後、裏と表から手で押さえて圧着する

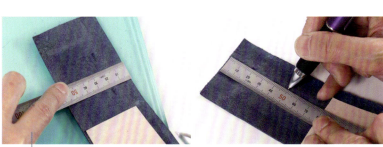 

77 見付の裏側、口元から20mm、両側面から50mmの位置に印を付ける

78 77で付けた印の間をへり返すため、見付のへり返す面及び、これを合わせる芯の表面と側面にTボンドを塗る

内装パーツと天マチの制作

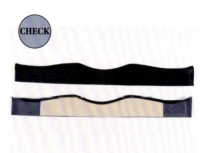

79 | 口元側の凹曲部に、20mm程の間隔を空けて僅かに（へり返す10mm幅の1/3程度を目安に）切り込みを入れ、芯の側面にぴったり沿わせてへり返す

同じ工程を繰り返し、両端50mmを除き口元をへり返した見付を2枚作る

天マチパーツとファスナー止めの制作

80 | 天マチ革の床面、内側に切り込んだ角2ヵ所に天マチ芯の角を合わせ、天マチ芯の側面をトレースして糊代の目安線を引く

81 | 80で引いた糊代の目安線の内側に、Tボンドを塗る

82 | 天マチ芯の片面全面にTボンドを塗り、接着面を正確に揃えて貼り合わせた後、裏と表から手で押さえて圧着する

83 | 両端を切り込んでいない長辺を除く3辺をへり返すため、へり返して貼り合わせる各面と、芯の側面にTボンドを塗る

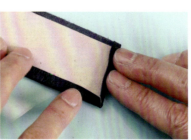

84 | 83でTボンドを塗った3辺をへり返し、角で重なる余分を起こして貼り合わせる

85 | 起こした状態で貼り合わせた革の余分を、角の部分を僅かに残して裁ち落とす

アオリ付きトート

86 僅かに残した角の部分にモデラをあて、芯側へ平滑に収めると同時に、角を柔らかな丸みを帯びた形に整える

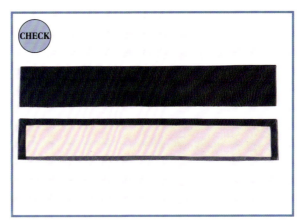

同じ手順で、芯を貼り合わせて3辺をへり返した天マチを2枚作る

天マチの裏、床面に漉きを入れていない3辺のコバをコバ仕上剤で磨く

87

88 ファスナー止めの床面に型紙を合わせ、天地の中心に印を付ける。付けた印を結ぶ中心線を引く

89 ファスナー止め芯の型紙を中心線に揃えて合わせ、側面をトレースして糊代の目安線を引く

90 ファスナー止め芯（接着芯）を、89で引いた目安線の内側に貼り合わせる。ファスナー止めの裏、芯からはみ出したへり返す面及び、これを合わせる芯の表面と側面にTボンドを塗る

91 モデラを使用し、へり返す革を芯の側面にぴったり合わせて起こす

内装パーツと天マチの制作

92 直線部と緩やかな曲線部の革を芯に貼り合わせ、剣先部と2ヵ所の角は起こした革を貼り合わせる。芯に貼り合わせた革は、モデラの先で寄せたヒダを潰して平滑に整える

93 起こした状態で貼り合わせた革の余分を、角の部分を僅かに残して裁ち落とす

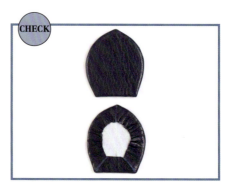

94 僅かに残した角の部分にモデラをあて、芯側へ収めると同時に、角を柔らかな丸みを帯びた形に整える

CHECK 同じ手順を繰り返し、芯を貼り合わせて側面をへり返したファスナー止めを2枚作る。この2枚でファスナーテープを挟むため、裏面は可能な限り平滑に整えて厚みを抑える

天マチの制作

95 天マチファスナーの上止側のテープを、内装ファスナーの上止側と同様に処理する（p.161〜参照）

96 天マチの側面をへり返した長辺を、テープの織り目が変わるラインに揃えて合わせる。上止側の端から天マチの短辺の端を5mmはみ出させて合わせ（左写真参照）、下止側の短辺の側面に印を付ける（右写真参照）

97 96で付けた印の側面、上止側へ7mmずらした位置に印を付ける

98 97で付けた印を、テープの裏側の同じ位置に写す。片側のテープに印を付けたら、反対側のテープにも同様に各印を付ける

アオリ付きトート

99 98で付けた印から下止側の端まで、テープの側面から8mmの範囲にスリーダインを塗る

100 テープの織り目が変わるラインを目安に、テープの側面をへり返して貼り合わせる。へり返しながら金槌で叩いて圧着し、右写真の状態にする

CHECK

98で付けた印の位置は、へり返してない部分へ自然につなげる

101 へり返したテープの側面、端からぎりぎり（縫い代1〜2mm）を縫い合わせる

CHECK

へり返したテープの側面を、表から縫い合わせた状態。下止側の端はファスナー止めで挟むため、途中で方向を変えてそのまま縫い進める。縫い始めと縫い終わりは2〜3目重ね縫いし、糸を2〜3mm残してカットする

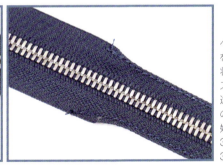

102 下止の端に、ファスナー止めの平行な側面を揃えて合わせる

103 ファスナー止めを合わせた状態で裏返し、テープの端がファスナー止めの内側に3mm程度余裕を持って収まる位置に線を引く。引いた線でテープの端を裁ち落とす

内装パーツと天マチの制作

ファスナー止めの側面に合わせ、テープの端を斜めに裁ち落とした状態

104 片方のファスナー止めの全側面に、2.5mm幅の縫い線を引く。平行な側面の両端、角にあたる部分を丸ギリで突き、軽く印を付ける

105 104で付けた印の間、平行な縫い線上に間隔を調整して菱目打で跡を付ける。角にあけた縫い穴を起点に、残りの曲線上にも2本目の菱目打で跡を付ける

106 剣先に近付いたら、剣先のみ丸ギリで縫い穴をあけ、残りの縫い線上に間隔を調整して跡を付ける

107 105～106で付けた縫い穴の跡を菱ギリで突き、縫い穴を貫通させる

108 ファスナー止めを中表でぴったり合わせ、107であけた縫い穴の中心を丸ギリで突き、縫い穴の位置を正確に写す

109 108で付けた丸ギリの跡に従い、菱目打と丸ギリで縫い穴をあける

110 下止から1mm程の間を空け、テープの端の両面にスリーダインを塗る。縫い穴をあけたファスナー止めの裏面、縫い穴の内側にスリーダインを塗る

アオリ付きトート

111 | 片方のファスナー止めを、**102**と同様に合わせて貼り合わせる

112 | 貼り合わせたファスナー止めの角の穴に縫い針を通し、裏側に縫い穴を揃えて残りのファスナー止めを合わせる。始めにファスナー止めの直線部のみを合わせ、次に剣先の穴に縫い針を通し、剣先の穴位置を揃えた状態で残りの側面を貼り合わせる

113 | 数ヵ所の縫い穴に針を通し、縫い穴の位置が揃っていることを確認した上で、テープを挟んで貼り合わせたファスナー止めを圧着する。指先でしっかりと圧着した後、モデラでファスナー止めの裏に貼った芯の側面を圧着し、ふっくらとしたフォルムを出す

114 | ファスナー止めの角を起点に、直線部方向に向けて側面を縫い進める

115 | 起点まで1周縫い終えたら、直線部のみを重ね縫いして目を重ねる

116 | 最後の目を作る針をファスナー止めの裏に出し、焼き留めで始末する

CHECK
ファスナーの下止側の端に、ファスナー止めを縫い合わせた状態

117 | 天マチを**96**と同様にファスナーの表に合わせ、天マチの下止側の端、角の下にあたる位置に印を付ける

175

内装パーツと天マチの制作

118 ファスナーの表側のテープの両側面、上止側の端から**117**で付けた印までの間、端から3mm程の範囲にTボンドを塗る

119 天マチの裏のへり返した3辺、へり返した端のラインを中心とする2〜3mm程の範囲にTボンドを塗る

120 作業スペース（ビニール板等）の上に、7mm幅の両面テープをファスナーの長さ程度、まっすぐに貼る

両面テープの剥離紙を剥がし、ファスナーを表にして、まっすぐに伸ばした状態でムシ部分を貼り合わせる
121

天マチを**117**と同様にファスナーの表に合わせ、接着面を揃えて貼り合わせる。**121**でファスナーをまっすぐ伸ばして仮固定しているため、ファスナーと天マチの側面のラインを正確に揃えて貼り合わせることができる
122

CHECK

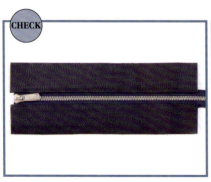

ファスナーに天マチを貼り合わせた状態。ファスナーテープのへり返し始め、斜めになった箇所は天マチの裏に隠れ、へり返した部分のみが表に出る

アオリ付きトート

123 天マチを裏返し、天マチを貼り合わせた範囲のファスナーテープの端、3〜4mm程の範囲にTボンドを塗る

124 天マチの裏の床面、**87**でコバを磨いた辺の端から8mm程の範囲にTボンドを塗る

125 天マチと天マチ裏の両側面と四角をぴったり合わせ、テープの織り目が変わるラインに側面のラインを揃えて貼り合わせる

126 天マチのファスナー側の際（きわ）、両側面付近と中央付近に丸ギリを通し、丸ギリの先が出る位置を確認する。天マチ裏の際に丸ギリの先が出ればOKで、天マチに干渉したり際から離れている箇所がある場合は、その部分を貼り直して調整する

127 天マチの外側面を除く3辺を、表から縫い代3mmで縫い合わせる

CHECK

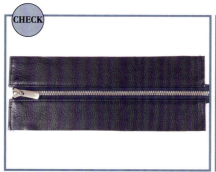

天マチと天マチ裏でファスナーを挟み、外側面を除く3辺を縫い合わせた状態。天マチの外側の角を縫い始めと縫い終わりにし、2〜3目重ねて縫う

内装の仕立て

内装の各胴に天マチと見付を合わせ、両側面と底を縫い合わせる。最後にアオリを合わせ、中表の内装を仕立てる。

内装の各胴に天マチと見付を合わせる

01 各胴に型紙を合わせ、口元の天マチの付け止まり位置に印を付ける

02 ファスナーポケット付きの胴の**01**で付けた印の間に、5mm幅の両面テープを貼って剥離紙を剥がす

03 天マチとファスナーポケットの上止の位置を揃え、天マチの側面（裏面）を**01**で付けた印の間に端のラインをぴったり揃えて貼り合わせる

04 同じ胴に型紙を合わせ、天マチの上に口元中心の印を付ける。胴の口元、両側面の間に5mm幅の両面テープを貼る

05 **04**で貼った両面テープの剥離紙を剥がす。中心の印を揃え、端のラインをぴったり揃えて見付の長辺（表面）を貼り合わせる

06 始めに中心を確実に合わせ、両側面へ向けて端をぴったり揃えて貼り合わせる

CHECK ファスナーポケット付きの胴に、天マチと見付を貼り合わせた状態。見付の両側面は僅かに余る

アオリ付きトート

07 天マチと見付を合わせた胴の口元、両側面の間を縫い代7mmで縫い合わせる

08 天マチ部を縫う際に厚みが増すため、使用するミシンによっては押さえが浮いてステッチが乱れる可能性がある。この場合は、厚みが増す段差の手前で押さえの下に端革等を噛ませ、押さえの浮きを抑えるとよい

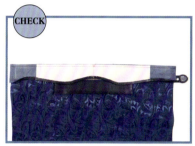

CHECK

天マチと見付を合わせた胴の口元を、縫い代7mmで縫い合わせた状態。縫い始めと縫い終わりは、2～3目返し縫いする

09 胴を表にして置き、縫い合わせた見付と天マチを開いた左写真の状態で、胴の口元ぎりぎり（縫い代1～2mm）を縫い合わせる。開いたままの状態では、右写真のように胴の口元で生地が膨らんでいるため、これを抑えながら縫い合わせる

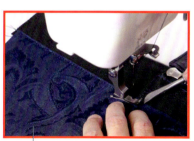

10 モデラ等で胴の口元の膨らみを抑えながら、両側面の間を口元ぎりぎりの所で縫い合わせる

CHECK

09～10のステッチを終えた状態。縫い始めと縫い終わりは、2～3目返し縫いする

11 仕分けポケット付きの胴の口元に、**02～03**と同じ要領で反対側の天マチを貼り合わせる

12 **04**と同様に中心の印を付け、両側面の間に5mm幅の両面テープを貼る

内装の仕立て

13 06～07と同じ要領で、見付を貼り合わせた後に口元の両側面間を縫い代7mmで縫い合わせる

14 09と同じ要領で、胴の口元ぎりぎり（縫い代1～2mm）を縫い合わせる

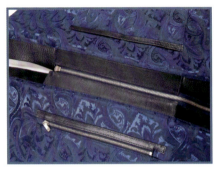

各胴に天マチと見付を合わせた状態。左写真は天マチを裏（内側）から見た状態で、本体（革）の内側に内装を収める際は右写真のように、両方の見付が口元となり、その間に挟んだ天マチファスナーが開口部となる。以降、これを「内装」と呼ぶ

内装の側面を縫い合わせる

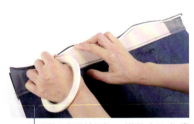

15 内装の各見付の裏、へり返したライン際に5mm幅の両面テープを貼る。側面と口元中心を境に、4分割して貼る

16 筒状にした胴（革）＝本体を表に返し、口元が揃うように内装を収める

17 本体を横倒しに置き、内装の下側の見付に貼った両面テープの剥離紙を剥がす

18 本体と見付の中心に付けた印を合わせ、口元のラインを揃えて中心付近を貼り合わせる。貼り合わせる箇所を真上から見ると、口元のラインのずれを防ぐことができる

19 | 続けて、口元のラインを揃えながら、見付の中心から両側面までの範囲を貼り合わせる

20 | 見付の両端を、本体両側面の縫い割りを超える位置まで正確に貼り合わせる

本体を返し、反対側の見付も**17〜20**と同様に貼り合わせる。見付の両端を先に貼り合わせた見付の両端に重ね、本体両側面の縫い割りの位置に銀ペンで印を付ける

21

22 | 内装を本体から取り出して両面テープを剥がし、21で付けた各印から側面へ向けて7mmの位置に印を付ける

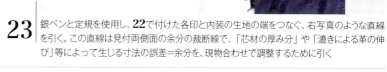

23 | 銀ペンと定規を使用し、**22**で付けた各印と内装の生地の端をつなぐ、右写真のような直線を引く。この直線は見付両側面の余分の裁断線で、「芯材の厚み分」や「漉きによる革の伸び」等によって生じる寸法の誤差＝余分を、現物合わせで調整するために引く

24 | **23**で引いた裁断線に従い、各見付両側面の余分を裁ち落とす

25 | 内装の両側面を口元から底に向け、縫い代7mmで縫い合わせる。見付の口元を開いた（ヘり返さない）状態で、口元へかがらずに2〜3目重ねて縫い始め、内装の生地は仮留めせずに正確に揃えながら縫い進める。縫い終わりは、底側に2〜3目かがって糸を始末する

内装の仕立て

26 内装の底を、縫い代7mmで縫い合わせる。縫い始めと縫い終わりは、それぞれの側面へ2～3目かがって糸を始末する

内装の両側面と底を縫い合わせた状態。続けて底の両端を縫い合わせ、完全な中表の袋状に仕立てる

底の両端を左写真のように開いて合わせ、縫い代7mmで端から端まで縫い合わせる。側面と底の縫い代は、表と裏で互い違いに向きを変え、表裏の厚みを均等に揃える

27

底の両端を縫い合わせた状態。右写真は、完全な袋状にした内装を広げ、立てた状態で見た底の側面の状態

28 見付の両側面の口元側、へり返しの糊代の目安線辺りからハサミを入れ、側面を縫い合わせたステッチの1～2mm脇までを斜めに裁ち落とす

29 側面のステッチを中心に、縫い代を割って貼り合わせる範囲にTボンドを塗る

アオリ付きトート

30 縫い代を割って貼り合わせ、金槌で叩いて圧着する

31 見付の両側面の口元、へり返さずに残しておいた箇所にTボンドを塗り、へり返して貼り合わせた後に金槌で圧着する

側面を縫い割り、口元の残りをへり返した内装の口元両側面の状態。左写真は本体の口元に合わせる外側の状態で、右写真は中表の内側の状態

内装にアオリを合わせる

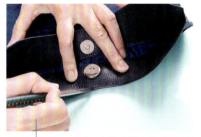

32 マグネットホックのメスを付けたアオリの見付、中表で合わさる口元に2.5mm幅の縫い線を引く

33 32で引いた縫い線の両端、側面から13mmの位置に銀ペンで印を付ける。付けた印間の縫い線上に、間隔を調整して菱目打で跡を付ける

34 仕分けポケット側の内装の見付に、中心と口元のラインを揃え、33で跡を付けたアオリ見付の外側面（裏）を合わせる。中心と口元をぴったり合わせた状態で、見付の"アオリ見付の口元両端"にあたる位置に銀ペンで印を付ける

内装の仕立て

35 内装の口元、へり返した革の表面を紙ヤスリで荒らす。接着面を表出させないよう、口元の端から3mmの範囲を除く全周を荒らす。アオリ見付の口元も同様に、へり返した革の表面を紙ヤスリで荒らす

36 内装の中表面、口元全周に2.5mm幅の線を引く。この線は、アオリや本体を合わせた際の突き目の目安線となる

37 仕分けポケット側の内装の見付、34で付けた印の間（荒らした面）にスリーダインを塗る。マグネットホックのオスを付けたアオリ見付の口元（荒らした面）に、スリーダインを塗る。荒らした際(きわ)から内へ向け、スリーダインを薄く2回塗り重ねる

38 中心と口元のラインを揃え、34で見付の口元に付けた印の間に、アオリ見付を貼り合わせる

CHECK アオリ見付の両側面、口元のラインより僅かに(2〜3mm)落とし込んでへり返した箇所は、見付の口元のラインと揃えず、僅かに落とし込んだ状態のまま貼り合わせる

39 貼り合わせた箇所を金槌で軽く叩き、圧着する。使用する革により、シボが潰れたり、伸びが生じる可能性があるため、叩く加減に注意する

40 33で付けた菱目打の跡を菱ギリで突き、縫い穴をあける。36で引いた目安線上に菱ギリの先端を出し、正確に突き目をする

41 見付とアオリ見付を縫い合わせる。縫い始めと縫い終わりは目を重ねず、端から端まで平縫いで縫い合わせる

アオリ付きトート

天マチと見付を胴の口元に合わせ、両側面と底を縫い合わせて中表の袋状にした後、側面にアオリを合わせた内装。本作品は片面にのみアオリを付けた「片アオリ」仕様だが、同じアオリを制作して反対側に合わせれば、「両アオリ」仕様にアレンジすることもできる

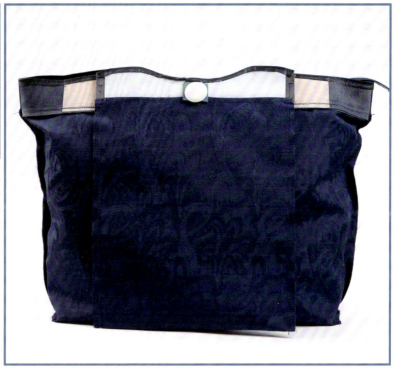

底を仕立てる

端を接続し、外表で2つ折りに合わせた玉縁革を制作。芯材と底鋲を合わせた底革に玉縁を合わせ、本体の底を仕立てる。

玉縁革の制作

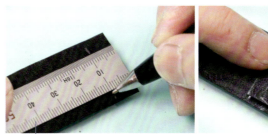

01 玉縁革の両端10mmを重ねて貼り合わせ、リング状にする。まず、玉縁革の片端のギン面、10mmの位置に印を付ける。反対端を重ね、下にある端の位置に印を付ける

02 01で重ねた端を返し、床面を表にして同様に合わせ、下にある端の位置に印を付ける。付けた印から端へ向け、先端ゼロで斜め漉きする

03 01で最初に印を付けた端、印から端までの範囲を紙ヤスリで荒らす

底を仕立てる

04 03で荒らした面と02で斜め漉きした面に、サイビノール100を薄く2回塗り重ねる

05 接着面を揃え、玉縁革の両端を重ねて貼り合わせる。完成するリングがよじれないよう、面を確認して貼り合わせる

06 重ねて貼り合わせた箇所を裏返し、中央を漉いて他の面と同じ厚みにする。ギン面から指先で厚みを確認し、厚い箇所を少しずつ漉いて微調整を繰り返す

凸曲面のある台(写真は、硬い筒状の芯を分割した物)を使用すると、06のような手漉きがしやすくなる

07 玉縁革の床面全面にスリーダインを塗る。しっかりと貼り合わせるため、1周塗った後にもう1度塗り重ねる

08 接着面を貼り合わせる前に、中心へ向けて折りグセを付ける

09 端をぴったりと揃え、接着面を貼り合わせる。全周貼り合わせた後、接着面を金槌で叩いて圧着する。玉を潰してしまう可能性があるため、力加減に注意して圧着する

10 玉の際にモデラをあて、玉の輪郭を明確に表す。両面から玉の際へ繰り返しモデラをあて、同時に玉の形も整える

アオリ付きトート

玉の輪郭を明確に出し、形を整えた玉縁革。胴と底の間に出す玉の太さは、事前に入れる漉きの加減によって調整が可能。中心を薄く漉けば、細めの玉にすることができる

11 貼り合わせた面の表裏、4〜5mm幅程を紙ヤスリで荒らす。玉の際を荒らさないよう、注意して荒らす

底革の制作

12 底革の床面の中央に、底芯の型紙を合わせる（各辺の中心に印を付けて合わせる）。型紙の側面をトレースし、底芯の糊代の目安線を引く

13 12で引いた目安線の内側に、スリーダインを薄く2回塗り重ねる

14 底芯の漉きを入れていない面、全面にスリーダインを薄く2回塗り重ねる

15 底革の床面に底芯を貼り合わせ、表と裏から手で接着面を圧着する

16 底革の全側面、端から5mm幅を紙ヤスリで荒らす

17 底鋲の取付位置に10号のハトメ抜きで穴をあけ、底鋲をセットする

底を仕立てる

18 裏側（内側）で樹脂製のワッシャー（座金）を介し、固定用のカシメをセットする

19 セットしたカシメを、適合するカシメ打ちで打って固定する

20 固定したカシメの頭を金槌で叩き、潰して平らにする

21 ペフ（接着芯）を貼り合わせ、潰したカシメの頭を完全に覆う

22 底革に底芯を貼り合わせ、底鋲をセットした状態。底鋲の取り付け方法は、使用する底鋲に合わせて適宜変更する

底革と玉縁革を合わせる

23 接ぎ目を中心に玉縁革を2つ折りし、反対側の折り目に銀ペンで印を付ける

24 23で付けた印と接ぎ目を揃え、玉縁革を側面に伸ばして広げる

アオリ付きトート

25 24で広げた両端を折り、23と同様に銀ペンで印を付ける。これにより、接ぎ目を含めて玉縁革を4等分する印が付く

26 底革と底芯を合わせる際に12で付けた、底革の4辺の中心の印をギン面の端に写す

27 底革の全側面、16で荒らした箇所にスリーダインを薄く2回塗り重ねる。玉縁革の23〜25で印を付けていない面、11で荒らした箇所にスリーダインを薄く2回塗り重ねる

28 玉を底革の内に向け、玉縁革と底革の長辺の中心の印を合わせ、端をぴったり揃えて貼り合わせる

29 底革の角が曲がり始める位置まで玉縁革を貼り合わせ、曲がり始めに銀ペンで印(A)を付ける。短辺を同様に仮合わせし、角が曲がり始める位置に印(B)を付ける。短辺の中心から印(B)までの長さを測り、短辺の反対端、中心から測った数値と同じ長さの位置に印を付ける

30 印(A)と印(B)間の長さ(曲線部の長さ)を測り、短辺の両端の印を基準に、残りの長辺の端に印を付ける

31 玉縁革の各角、底革の曲線部に貼り合わせる印の間に、3mm間隔程度の細かい切り込みをハサミで入れる

32 角を除く4辺を、端をぴったり揃えて貼り合わせる

底を仕立てる

33 切り込みを軽く広げ、各角の端を揃えつつ、自然にいせ込みながら貼り合わせる

34 エンマヤットコを使用し、貼り合わせた側面の直線部を立ち上げるように起こして、接着面を圧着する

各角はエンマヤットコを写真のようにあて、直線部と同様に側面を立ち上げて圧着する

35

 CHECK

芯材を貼り合わせ、底鋲を付けた底革に玉縁革を貼り合わせた状態。玉縁革の接合部へ丁寧に細かい漉きを入れることで、接いだ箇所を分からなくすることがポイントとなる

胴と底を合わせる際、ボンドで仮留めした玉縁革がはがれてしまわないよう、接着面の側面ぎりぎりを縫い留める。**29〜30**で付けた印の間を目安に、各角を除く4辺の側面を縫い合わせる

36

アオリ付きトート

胴と底を合わせ、本体を仕立てる

胴の底側の両側面を割った後、前項で仕立てた底を正確に貼り合わせ、接着面を1周縫い合わせて本体を仕立てる。

01 胴のギン面、底側の端から6mm幅程を1周、紙ヤスリで荒らす

02 中表で合わせた胴を広げて置き、両側面の縫い代のラインに側面を揃えて型紙を合わせ、底の中心に印を付ける。付けた印を銀ペンで表（ギン面）に写す

03 両側面のステッチの1〜2mm脇に底からハサミを入れ、縫い代の底から20mm程までを斜めに裁ち落とす

04 底から50mm程の縫い代を割って貼り合わせるため、接着面にTボンドを塗る

05 縫い代を割って貼り合わせ、金槌で叩いて圧着する

06 01で荒らした胴の接着面に、Tボンドを塗る。前項目で仕立てた底の、玉縁革の接着面（荒らした箇所）にもTボンドを塗る

191

胴と底を合わせ、本体を仕立てる

07 胴と底を貼り合わせる。まずは双方の長辺の中心を合わせ、端をぴったり揃えて角が曲がり始める位置まで貼り合わせる

08 反対側の長辺も**07**と同様、角が曲がり始める位置までを貼り合わせる

09 胴の両側面の縫い割りと底の短辺の中心を合わせ、角が曲がり始める位置まで貼り合わせる

10 胴の内側と外側から指先をあて、各角の曲線部を貼り合わせる

11 各角の端を揃えつつ、自然にいせ込みながら貼り合わせる

12 胴と底を貼り合わせたら、接着面を胴側からモデラで圧着する。内に収まった玉縁の際に、モデラの端を沿わせて圧着する

アオリ付きトート

エンマヤットコで接着面=胴と底の縫い代を挟み、圧着しつつ底側に革を起こして寄せる

13

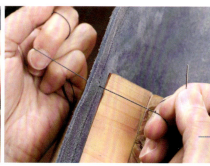

胴の底側の縫い穴（p.156の**75**であけた縫い穴）を、長辺の角の手前辺りから、突き目（菱ギリで穴を貫通させながら）をして平縫いする

14

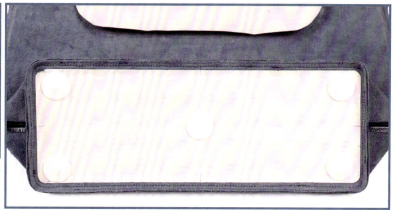

CHECK
角の曲線部を含め、間に玉縁革を介した状態で胴と底を1周縫い合わせている

CHECK
中表で合わせた胴に底を合わせ、袋状にした本体。左写真は返す前の現状で、右写真は参考のために返した状態。後に中表のまま内装を合わせるため、表面に傷を付けてしまわないよう、この段階では返さずに保管しておく

持ち手の制作

持ち手革の側面を全てへり返した後、芯を一杯に詰め込んだ状態でくるみ、側面を縫い合わせて持ち手を完成させる。

01 持ち手の床面を表に置き、両端の剣先から20mm間を空け、持ち手の縦の中心に18mm幅の補強テープを貼る

02 剣先間を6mm空けて「持ち手へり返し用」の型紙を持ち手の中心に合わせ、側面をトレースしてへり返しの目安線を引く。この線は、持ち手の側面が直線になる所まで引く（右写真）

03 剣先間を14mm空け、持ち手の中心に持ち手芯を貼り合わせる

04 持ち手側面の漉いた幅（12mm）に、スリーダインを塗る。両端の剣先側は、02で引いた目安線を中心に、端へ向けてスリーダインを塗る

05 両側面の直線部は、漉きの段差から側面へ向けてスリーダインを塗る

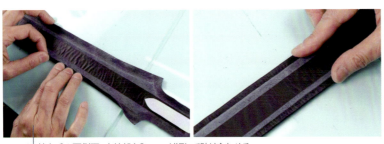

06 持ち手の両側面、直線部を6mmへり返して貼り合わせる

07 剣先にかけての凹曲部に、2～3mmの間隔を空けてハサミで切り込みを入れる

アオリ付きトート

08 　02で引いたへり返しの目安線を参照し、剣先部をへり返して貼り合わせる。剣先はへり返す革を起こして貼り合わせ、その周辺はヒダを寄せて平滑に整える

09 　剣先の起こして貼り合わせた革を裁ち落とし、モデラで形を整える

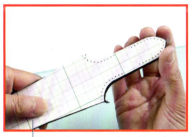

10 　07で切り込みを入れた凹曲部をへり返す。持ち手の下に「持ち手へり返し用」の型紙を置き、02で引いたへり返しの目安線を参照しつつ、型紙の側面のラインを正確に再現する

11 　「持ち手へり返し用」の型紙を表に重ね、へり返した側面が型紙通りか確かめつつ、適宜微調整をする

12 　凹曲部の角に余る革は、剣先と同様に起こして貼り合わせ、裁ち落とした後に角をモデラで整える

持ち手の全側面をへり返した状態。仕上がりと同寸の「持ち手へり返し用」の型紙を合わせ、側面を型紙通りに、正確にへり返す

13 　持ち手の全側面に、2.5mm幅の縫い線を引く

14 　「持ち手へり返し用」の型紙をぴったり揃えて合わせ、縫い穴の印を丸ギリで突き、ギン面に軽く跡を付ける

持ち手の制作

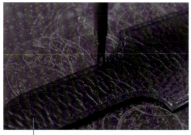

15 | **14**で付けた跡を目安に、左右で穴数と位置を揃え、**13**で引いた縫い線上に菱目打で縫い穴をあける

16 | 凹曲部の角から先、**14**で付けた跡が途切れる直線部は、片方の側面のみに縫い穴の跡をあける。凹曲部の角の跡から1目ずらし、斜線部と直線部に菱目打で縫い穴をあける

17 | 持ち手を裏返し、**16**であけた縫い穴の内際に2mm幅の両面テープを貼る

18 | **17**で貼った両面テープの剥離紙を剥がし、直線部の端を揃えて貼り合わせる

19 | **16**で縫い穴をあけた直線部を表にし、凹曲部の角の穴を丸ギリで突く

20 | **16**であけた縫い穴を菱ギリで突き、反対側の側面の同じ位置に縫い穴をあける

21 | 貼り合わせた持ち手を開き、両面テープを全て剥がし取る

22 | 持ち手の裏に持ち手芯を合わせ、持ち手芯をくるんで太さ（芯の詰まり具合）を確認する

アオリ付きトート

23 撚り合わされた糸を1本ずつ抜き、持ち手でくるんで程よい太さに調整する。本作品では、15号から5本抜いている

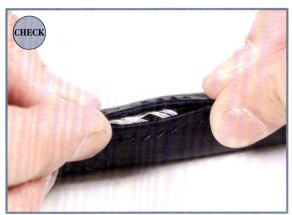

程よい太さとは、持ち手の両側面を寄せ、パンパンに抵抗がありながらも、縫い穴を辿って縫える太さ。持ち手は、バッグを使用する内に中の芯材がヘタり、痩せて見栄えと感触が悪くなるため、始めから可能な限り詰めておくとよい

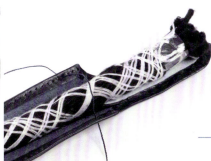

凹曲部の角の縫い穴から3つ目の穴に糸を通し、内側に太さを調整した持ち手芯を収める。持ち手芯の端は、剣先の端に揃えておく(右写真参照)

24

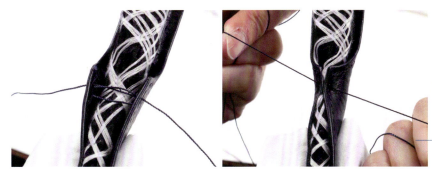

24の状態から凹曲部の角の縫い穴に向け、持ち手芯を持ち手の内側に収めながら平縫いする

25

凹曲部の角の縫い穴で向きを変え、3目重ねて反対側の凹曲部の角まで縫い進める

26

剣先にかけての斜線部を越え、直線部に入ると芯の抵抗が増し、縫う箇所が開いてくるので、芯を針で押さえ込みながら1目ずつ確実に縫い進めていく

27

持ち手の制作

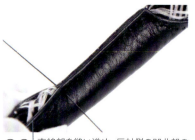

28 直線部を縫い進め、反対側の凹曲部の角で折り返し、3目重ねて糸を始末する

29 持ち手芯の余分をカットする。剣先を縫い始め（縫い終わり）に合わせて折り、できる折り目よりも僅かに短く余分をカットする

30 持ち手の外に出た芯の余分を、モデラ等でほぐす

31 凹曲部のラインに合わせ、ほぐした芯の余分を斜めに裁ち落とす

32 凹曲部の外側にはみ出した余分を裁ち落とし、右写真のような状態に整える

33 剣先を29と同様に折り、芯の余分が剣先の内側に収まることを確認する

34 持ち手の外に出た芯の余分にサイビノール100を塗り、ほつれないようにまとめる

35 芯の余分の形を整え、サイビノールの硬化を待つ。以上で持ち手は完成

アオリ付きトート

本体の制作

胴と内装の底を合わせ、内装を胴に収めて本体を返し、口元を縫い合わせる。最後に持ち手を取り付け、本体を完成させる。

胴と内装を合わせて返す

01　胴の口元全周に、2.5mm幅の縫い線を引く

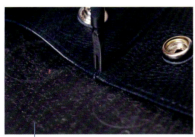

02　両側面の縫い割りを2本目の菱目打でまたぎ、縫い線上に縫い穴をあけていく

03　両側面の縫い割りを避け、口元に引いた縫い線上に1周、縫い穴をあける

04　口元の裏、へり返した革の縫い穴より下側を紙ヤスリで荒らす

05　胴の底、両側面のステッチ際に5mm幅の両面テープを貼る

06　胴の表から、底の縫い代の縫い割りの両側面、30mmの位置に印を付ける

07　縫い代の幅の中心で印をつなぎ、その線上に菱目打で縫い穴をあける（このステッチは外に出ないため、実際に線を引かず目見当で縫い穴をあけてもよい）

08　表の胴とアオリが合わさる位置で、胴と内装の底を仮合わせする。05で貼った両面テープの剥離紙を、片側のみはがす

本体の制作

09 胴と内装の縫い割りを合わせ、端をぴったり揃えて各底の短辺を貼り合わせる

10 反対側の底の短辺も09と同様、縫い割りと端を揃えて貼り合わせる

11 07であけた縫い穴を辿り、丸ギリで突き目（内装に穴をあける）をしつつ、底の短辺を端から端まで縫い合わせる

12 縫い終わりは、2目程度重ね縫いして糸を始末する。反対側も同様に縫い合わせる

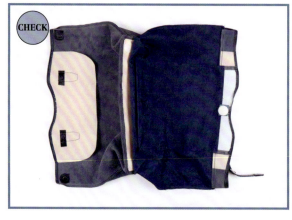

CHECK

胴と内装の底を仮合わせ、両側面（短辺）を縫い合わせた状態。このステッチは、内装の底の浮き上がりを抑えるためのステッチとなる。なお、写真の状態は、08で表した「表の胴とアオリが合わさる位置」で、表に見える胴は口元の両側面にジャンパーホックのダボを付けた胴となる

13 表の胴とアオリの口元（各へり返した裏側）を合わせ、表の胴の"アオリの口元の両側面"に該当する位置に糊代の目安となる印を付ける。付けた印の間とアオリの口元、以前の工程で荒らした箇所にスリーダインを薄く2回塗り重ねる

14 それぞれの口元の中心を合わせ、端をぴったり揃えて貼り合わせる

15 先に中心を貼り合わせた後、中心から13で付けた印までの範囲を貼り合わせる。口元のラインのずれを防ぐため、端を真上から見て貼り合わせるとよい

アオリ付きトート

16 アオリの口元の両端、へり返した際に落とし込み始めた位置を確認する

17 アオリの口元を閉じ、内装と合わせたアオリのステッチの両端と**16**で確認した位置を揃え、ステッチの端に該当する胴の縫い穴の近くに銀ペンで印を付ける

18 **17**で印を付けた各縫い穴を丸ギリ、その間の縫い穴を菱ギリで突き、アオリの口元まで貫通する縫い穴をあける

19 最初の1目を重ね、反対端へ向けて平縫いで縫い進める

20 反対端の2目手前まで縫い終えたら、アオリ側の針1本で端の穴まで並縫いし（左写真）、その針を手前の穴に戻して糸を引く

21 **20**の針を再び端の穴に通して糸を引き、胴側の針を次の穴に通して**20**の糸をかける。胴側の針を抜いて糸を引き、**20**の針を同じ穴に通して糸を引き、結び目を作る

22 結び目が端の1つ手前の穴に収まるよう、胴側とアオリ側の糸を徐々に引く

本体の制作

23 / 糸を締める前に、糸の付け根の結び目となる部分にサイビノール600を塗る

24 / 糸を締め、端の1つ手前の穴に結び目を収める

25 / 余った糸を長めに残してカットし、サイビノールが硬化するまで待つ

26 / サイビノールが硬化した後、それぞれの糸の余分を付け根ぎりぎりでカットし、アオリ側の糸を焼き留め、胴側の糸を丸ギリで縫い穴に収めて始末する

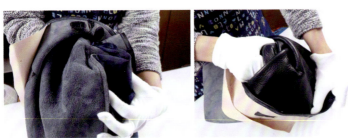

27 / 内装を胴に収めつつ、胴を返していく。胴の内側に手を差し入れ、底を軽く畳んだ状態で片方の側面をつかみ、口元から引き出す。本体を返す際は、表面を傷付けてしまわないよう、柔らかい手袋の装着を推奨する

28 / 続けて、底の残りの側面も引き出す

29 / 本体の内側と外側から手をあて、底の四角や側面を押し出して玉縁を均等に出す。革にシワが寄らないように軽く伸ばしつつ、底を整えて形付ける

30 / 玉縁を均等に出して形を整えた後、本体全体の形を整える

アオリ付きトート

本体の口元を縫い合わせる

31 アオリの口元の両端、口元から落とし込んだ箇所の表裏、端から3mm程下を紙ヤスリで荒らす。荒らした面及び、その面を合わせる見付と胴の接着面（以前の工程で荒らした箇所）に、スリーダインを薄く2回塗り重ねる

32 見付の口元の裏、以前の工程で荒らした接着面に1周、スリーダインを薄く2回塗り重ねる

33 32でボンドを塗った接着面を紙でカバーし、胴の口元の裏の接着面に1周、スリーダインを薄く2回塗り重ねる

34 アオリの反対側の胴に、口元の中心の印と端を揃えて見付を貼り合わせる

35 34で貼り合わせた中心から両側面に向かい、根革に付けた角カンの端辺りまでの範囲を貼り合わせる

36 口元の両側面で縫い割りを合わせ、縫い割りの周辺を貼り合わせる

37 両側面の縫い割りから角カンの端までを、端を揃えて自然にいせ込みながら貼り合わせる。口元の残り3ヵ所も同様に貼り合わせ、胴と内装の口元を全て仮留めする

38 アオリの各ステッチの両端、17で印を付けた縫い穴に糸を避けて丸ギリを通し、それぞれの穴位置を揃える

本体の制作

39 | 38で揃えた縫い穴に針を通し、胴、アオリ(×2)、見付の4パーツが重なる箇所の縫い穴を菱ギリで突き、縫い穴を貫通させる。4パーツが重なる箇所は厚みがあるので、菱ギリの先端の出先に注意して慎重に突く

40 | 1目ごとに菱ギリの先端が突き上げる箇所を確認し、アオリのステッチの延長線上へ正確に菱ギリの先端を出す

41 | 4パーツが重なる箇所を過ぎたら、口元の縫い穴をまっすぐに突く、通常の突き目で縫い穴を貫通させていく

42 | アオリのステッチ(穴)から3つ目の穴を縫い始めとし、ステッチまでの3目を縫い合わせる

43 | 42の縫い穴で折り返し、3目を重ねて口元全周を縫い合わせていく。目を重ねる箇所は厚みがあり、針でステッチを割る可能性があるため、丸ギリでステッチの間を拡大しつつ、慎重に縫う。目を重ねる箇所を超えたら、反対側のアオリのステッチまで縫い進めていく

44 | 反対側のアオリのステッチまで縫い終えたら、4パーツが重なる箇所を2目戻って目を重ねる

45 | 胴の表の針をさらに1目戻し、内側(見付側)で2本の糸を焼き留めて始末する

46 | 17で付けた銀ペンの印を消す

アオリ付きトート

47 口元の中心の印等、各所に銀ペンで付けた合わせ位置の印を、全て消していく

アオリの両端を僅かに落とし込んでへり返したため、4パーツが重なるアオリの両端の厚みがフェードアウトし、2パーツで構成される口元へ自然につながる

持ち手を取り付ける

48 左写真のように、角カンに持ち手の剣先を通す。剣先を折り曲げ、表の角カン側の端から4つ目の縫い穴と、裏の角カン側の端から4つ目の縫い穴に針を通す

49 角カン側の端へ向け、平縫いで3目縫い進める

50 目を順に締める際、仮留めをしていないために手前の目が緩んでしまうため、先の目を締める前に必ず手前の目を締め直す

51 角カン側の端までの3目を縫い終えたら、折り返して反対側の角カン側の端まで縫い進めていく

52 縫い進める途中で持ち手芯が出てきたら、モデラ等で内側に収める。右写真の剣先の縫い穴まで縫い終えたら、次の53の手順に移る

53 52の右写真の状態から、外側の針を凹曲部の角の縫い穴に通す

本体の制作

54 53の針を抜いて糸を引くと左写真の状態になるので、そのまま端に向けて縫い進める。角カン側の端まで縫い終えたら、折り返して2目を重ねる

55 表の針を裏に通し、表のみ3目重ねた状態で、裏で2本の糸をカットする

56 55でカットした糸の余分を、ライターの火で焼き留めて始末する

CHECK

角カンに縫い合わせた、持ち手の裏の状態。剣先が持ち手側面の縫い割りにぴったり合致し、側面はすっきり揃って収まる。また、持ち手芯の余分を整えて適度に残しているため、ふっくらと張りのあるフォルムに仕上がっている

57 持ち手の反対側の付け根を縫い合わせ、反対側の胴にも同様に持ち手を取り付ければ、アオリ付きトートは完成

アオリ付きトート

完 成

色の異なる「アリゾナ」で制作したサンプル。同じ青系でも、濃度が和らぐだけでカジュアルな雰囲気に仕上がる。アリゾナのようなコシのあるシボ革の他、エルクスキンやヌバック、バイソン等を材料にしても違ったイメージに仕上がるだろう

「ボストンバッグ」
W320 × H210 × D70mm

レザークラフト全般に精通した、稀有なクラフター

本誌を監修した近野真弓氏は、レザークラフトの技術向上を至上の喜びとし、持ち前の探究心で仕立ての技術はもちろん、素材や工具に関する見識も深め、レザークラフトに関わるあらゆる分野で活躍するクラフターである。同氏が主宰する埼玉県上尾市のレザークラフト教室「Mai Leathercraft」には、国内の遠方はもとより、海外からもその技術を学びに生徒が集まる。

Mayumi Konno

近野　真弓

趣味で始めたレザークラフトを極めるべく、レザークラフトの名門であるクラフト学園で手縫いやレザーカービングの技術を習得。国内のバッグメーカーで製造に携わり、各地の講習会や教室などへ積極的に参加することで、数々の高度な技術を修得する。デザインと仕立ての技術はもちろん、クラフト学園の主任講師である小屋敷氏から学んだカービングの技術も群を抜く

「ハンドバッグ」
W350 × H240 × D140mm

「ハンドバッグ」
W320 × H190 × D140mm

「トランク」
W370 × H270 × D98mm

SCHOOL INFORMATION

教室情報

埼玉県上尾市上町2-3-9
TEL:090-5300-2537
URL:http://gyu2991taina.wixsite.com/mai-leather-craft
Instagram:mai19620205

Mai Leathercraftでは、難しいカリキュラム等を一切定めず、生徒が作りたい作品作りを手伝うというスタンスで近野氏が指導にあたる

型紙

本書で作り方を解説しているアイテムの型紙です。
「50%縮小」と書かれたパーツは、コピー機の設定を「200%拡大コピー」にし、元の大きさに戻してお使いください。
すべてのパーツは、A3サイズに収まる大きさになっています。

| ファスナートート | P.6 | 50%縮小 |

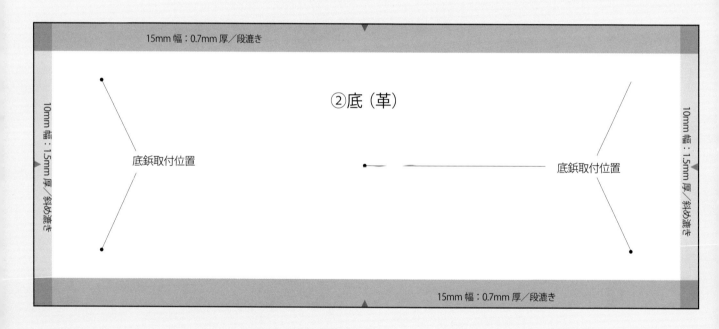

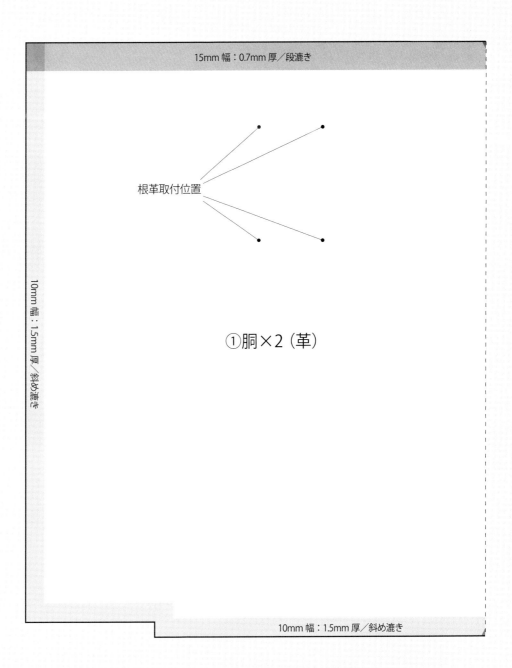

ファスナートート P.6 50%縮小

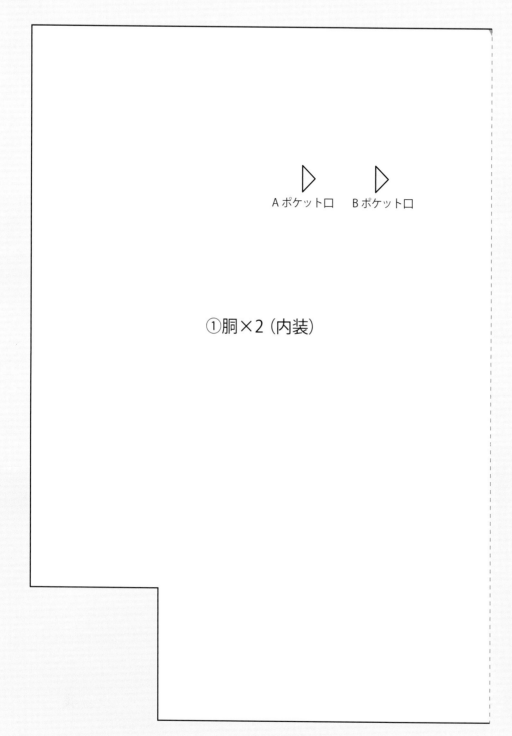

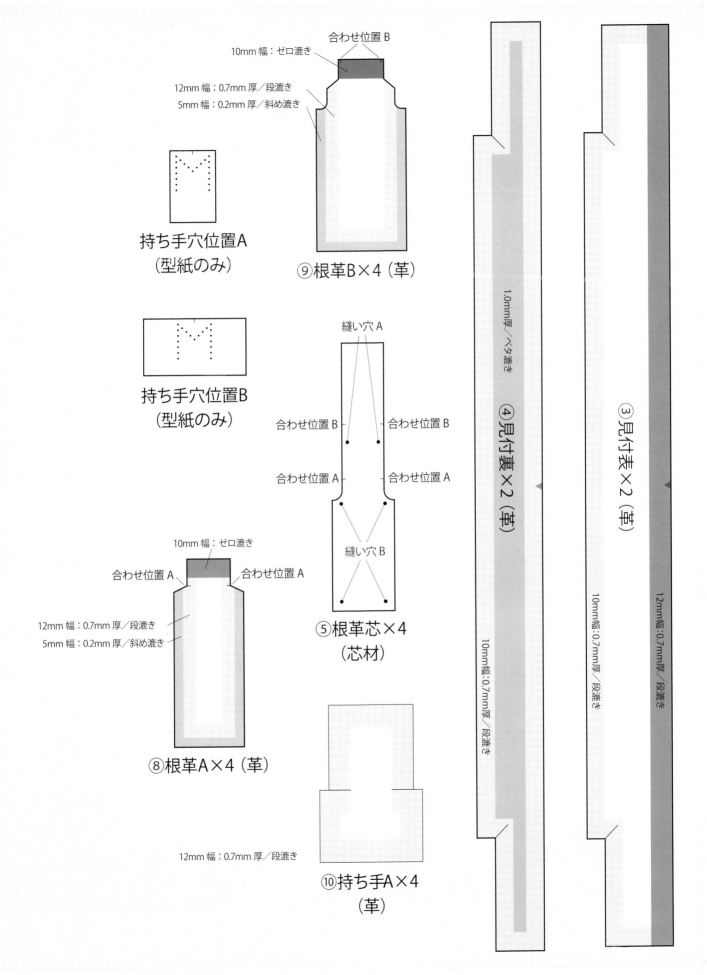

ファスナートート　　P.6　50%縮小

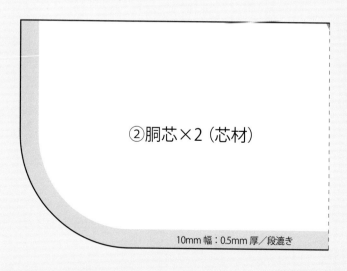

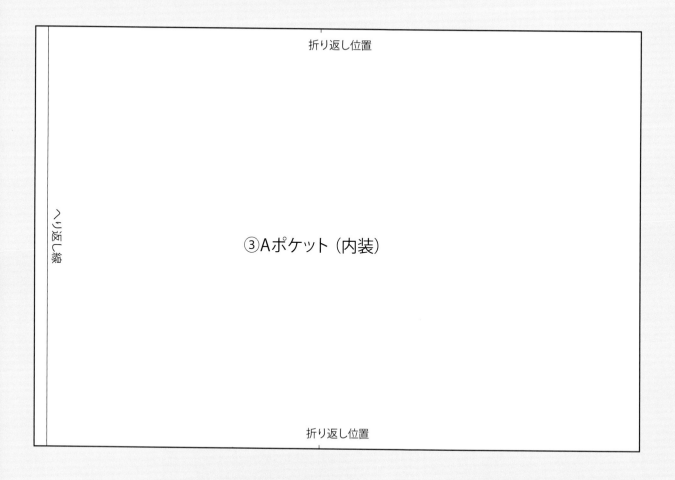

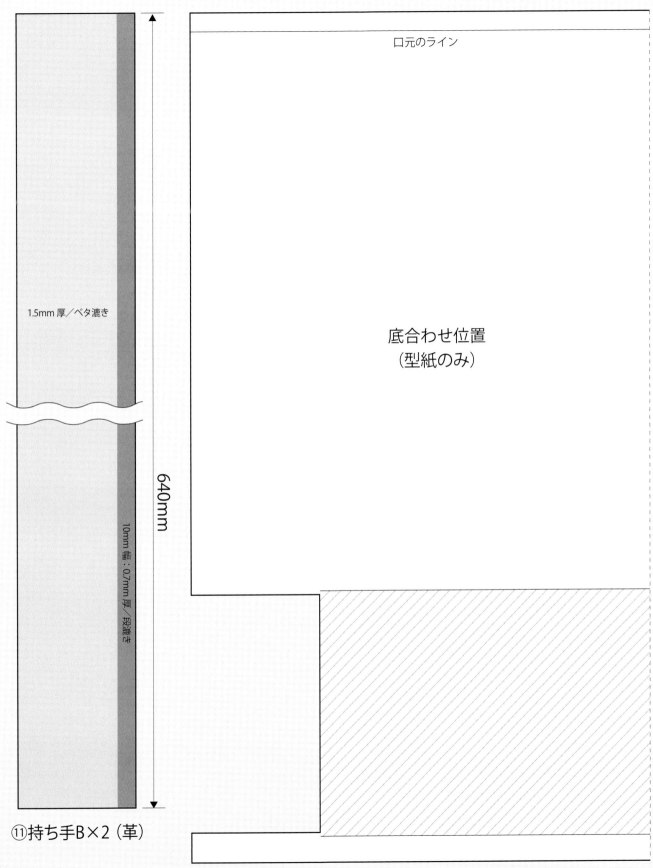

| ファスナートート | P.6　50%縮小 |

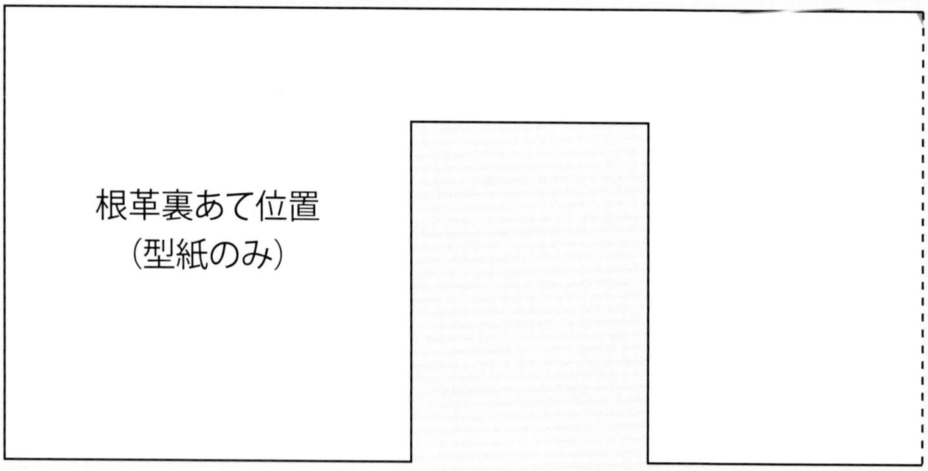

根革裏あて位置
（型紙のみ）

折り返し位置

くり返し線

②Bポケット（内装）

折り返し位置

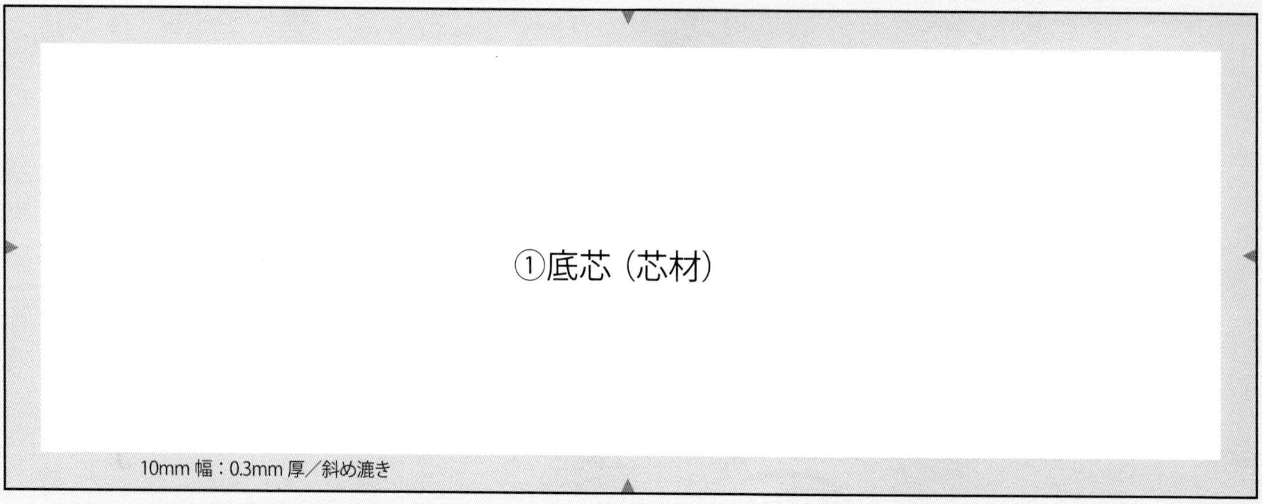

①底芯（芯材）

10mm 幅：0.3mm 厚／斜め漉き

ITEM.II

ボックストート
BOX TOTE BAG

P.70

ITEM.III
アオリ付きトート
COMPARTMENT TOTE BAG
P.138

STAFF

PUBLISHER
髙橋清彦 Norihiko Takahashi

EDITOR
行木 誠 Makoto Nameki

DESIGNER
小島伸也 Shinya Kojima

ADVERTISING STAFF
久嶋佑人 Yuto Kushima

PHOTOGRAPHER
梶原 崇 Takashi Kajiwara [Studio Kazy Photography]

SUPERVISOR
紺野真弓 Mayumi Konno [Mai Leathercraft]

PLANNING,EDITORIAL&PUBLISHING
(株)スタジオ タッククリエイティブ
〒151-0051 東京都渋谷区千駄ヶ谷 3-23-10 夏ビル2階
STUDIO TAC CREATIVE CO.,LTD.
2F, 3-23-10, SENDAGAYA SHIBUYA-KU, TOKYO
151-0051 JAPAN
〔広告・編集・広報発行〕
Telephone 03-5474-6200 Facsimile 03-5474-6202
〔販売・営業〕
Telephone & Facsimile 03-5474-6213
URL http://www.studio-tac.jp
E-mail stc@fd5.so-net.ne.jp

革で作る美しい小物

キットブック

2018年12月31日 発行

STUDIO TAC CREATIVE
(株)スタジオ タッククリエイティブ

©STUDIO TAC CREATIVE 2018 Printed in CHINA through World Print Ltd.
●本書の無断転載を禁じます。
●乱丁、落丁はお取り替え致します。
●定価は表紙に表示してあります。

ISBN978-4-88393-836-0

警告 CAUTION

■この本は、趣味者の知識向上の作業、装備を含めた、趣味事業に伴って役立てて頂く目的を果たすため、事項情報を記録、記述しています。そのため、あらゆる作業を成功させ得る事を保証したものではありません。また、株式会社スタジオタッククリエイティブ及び著者は、この本に掲載された作業により得られた一切の結果について何ら責任を負うものではありません。また、この作業により、物的損害や各々の可能性が生じても責任を負うものではありません。すべての作業におけるリスクは、作業を行う貴方に帰属します。

■本書を利用される方々は、事故等の危険性を理解した上で作業を行ってください。メーカーが推奨していない使用方法に該当する場合も、事故の誘因になることも考えられますので、充分にご注意ください。

■本書は、2018年6月27日までの情報で編集されています。そのため、本書で掲載している商品やサービス、名称、価格などは、販売元・メーカー表示、お問い合わせ先などは、変更されている可能性がありますので、充分にご留意ください。

■写真や内容が一部実物と異なる場合があります。ご了承ください。

■掲載されている作例のデザインに関する著作権、商標権は各作者に帰属します。この本に掲載された写真の個人から非営利の範囲でご利用ください。

■本書に掲載されている画像や図面の著作権、商用利用を禁じます。

1812A

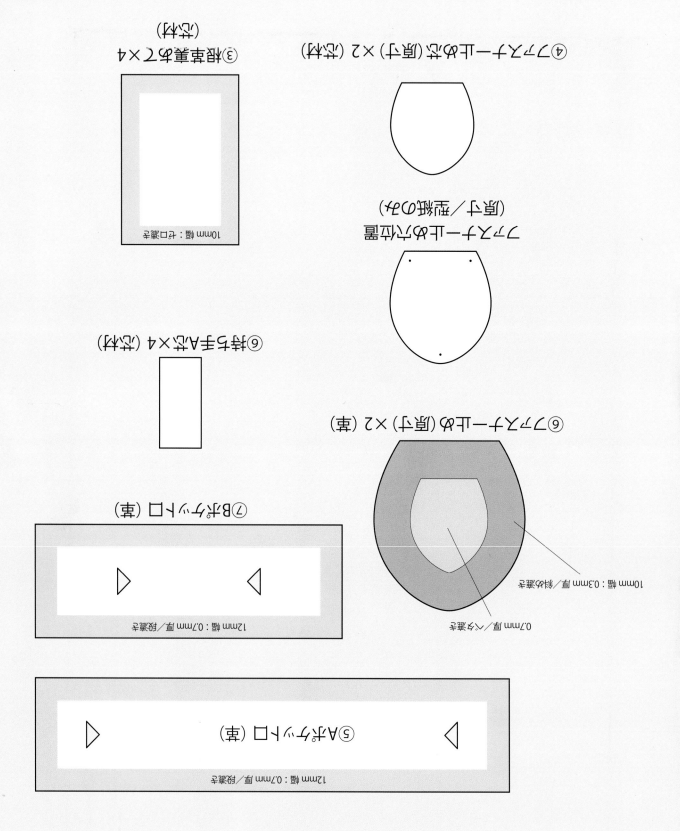